Entzündungshemmende Küche

Gesund genießen, Beschwerden lindern

Lena Fischer

Inhaltsverzeichnis

Süßkartoffel-Hash-Portionen: 6 17

Zutaten: 17

Richtungen: 17

Eiermuffins mit Feta und Quinoa Portionen: 12 18

Zutaten: 18

Richtungen: 18

Herzhafte Kichererbsenpfannkuchen: 1 20

Zutaten: 20

Richtungen: 20

Leckere Portionen Kurkumamilch: 2 22

Zutaten: 22

Richtungen: 22

Grüne Shakshuka-Portionen: 4 23

Zutaten: 23

Richtungen: 24

Portionen Quinoa-Proteinbrot: 12 25

Zutaten: 25

Richtungen: 26

Portionen Ingwer-Karotten-Kokos-Muffins: 12 28

Zutaten: 28

Portionen warmer Honigbrei: 4 30

Zutaten: 30

Richtungen: 30

Frühstückssalatportionen: 4 31

Zutaten: 31

Richtungen: 31

Schnelles Quinoa mit Zimt und Chia-Portionen: 2 33

Zutaten: 33

Richtungen: 33

Getreidefreie Süßkartoffelwaffeln: 2 35

Zutaten: 35

Richtungen: 35

Portionen Quinoa-Spargel-Frittata: 3 37

Zutaten: 37

Richtungen: 37

Huevos Rancheros-Portionen: 3 39

Zutaten: 39

Richtungen: 40

Portionen Spinat-Pilz-Omelett: 2 41

Zutaten: 41

Richtungen: 41

Portionen Kürbis-Bananen-Waffeln: 4 42

Zutaten: 42

Richtungen: 43

Rührei mit Räucherlachs: 2 44

Zutaten: 44

Richtungen: 44

Cremiges Parmesan-Risotto mit Pilzen und Blumenkohl 45

Zutaten: 45

Richtungen: 46

Gebratener Brokkoli mit Cheddar-Portionen: 2 47

Zutaten: 47

Richtungen: 47

Puten-Chili-Portionen: 8 50

Zutaten: 50

Richtungen: 51

Linsensuppe mit Gewürzen Portionen: 5 52

Zutaten: 52

Richtungen: 52

Knoblauchhähnchen und Gemüse: 4 54

Zutaten: 54

Richtungen: 54

Portionen Räucherlachssalat: 4 56

Zutaten: 56

Richtungen: 57

Bohnen-Shawarma-Salat Portionen: 2 58

Zutaten: 58

Richtungen: 59

Portionen gebratener Reis mit Ananas: 4 60

Zutaten: 60

Richtungen: 61

Linsensuppenportionen: 2 62

Zutaten: 62

Richtungen: 63

Köstlicher Thunfischsalat, Portionen: 2 65

Zutaten: 65

Richtungen: 65

Aioli mit Eiportionen: 12 67

Zutaten: 67

Richtungen: 67

Spaghetti-Nudeln mit Kräuter-Pilz-Sauce Zutaten: 68

Richtungen: 69

Brauner Reis und Shitake-Miso-Suppe mit Zwiebeln 71

Zutaten: 71

Gegrillte Meerforelle mit Knoblauch-Petersilien-Dressing 73

Zutaten: 73

Richtungen: 73

Zutaten für Curry-Blumenkohl-Kichererbsen-Wraps: 75

Richtungen: 76

Portionen Buchweizennudelsuppe: 4 78

Zutaten: 78

Richtungen: 79

Einfache Lachssalatportionen: 1 80

Zutaten: 80

Richtungen: 80

Portionen Gemüsesuppe: 4 81

Zutaten: 81

Richtungen: 82

Zitronen-Knoblauch-Garnelenportionen: 4 84

Zutaten: 84

Richtungen: 84

Zutaten für Blt-Frühlingsrollen: 85

Brust mit Blauschimmelkäse Portionen: 6 87

Zutaten: 87

Richtungen:	87
Zutaten für kaltes Soba mit Miso-Dressing:	89
Richtungen:	90
Gebackene Büffelblumenkohlstücke: 2	91
Zutaten:	91
Richtungen:	91
Hähnchen gebackener Knoblauch mit Basilikum und Tomaten: 4	93
Zutaten:	93
Richtungen:	94
Cremige Kurkuma-Blumenkohlsuppe: 4	95
Zutaten:	95
Richtungen:	96
Pilze, Grünkohl und brauner Süßkartoffelreis	97
Zutaten:	97
Rezept für gebackenen Tilapia mit Pekannuss-Rosmarin-Topping	99
Zutaten:	99
Portionen Tortilla-Wrap mit schwarzen Bohnen: 2	101
Zutaten:	101
Richtungen:	101
Weißes Bohnenhuhn mit wintergrünem Gemüse	102
Zutaten:	102
Richtungen:	103
In Kräutern gebackene Lachsportionen: 2	104
Zutaten:	104
Richtungen:	104
Hühnersalat mit griechischem Joghurt	106
Zutaten:	106

Richtungen: 106

Gemahlener Kichererbsensalat 107

Zutaten: 107

Richtungen: 108

Portionen Valencia-Salat: 10 109

Zutaten: 109

Richtungen: 110

„Iss dein Gemüse" Suppenportionen: 4 111

Zutaten: 111

Richtungen: 112

Portionen Miso-Lachs und grüne Bohnen: 4 113

Zutaten: 113

Richtungen: 113

Portionen Lauch-, Hühner- und Spinatsuppe: 4 114

Zutaten: 114

Richtungen: 114

Portionen dunkle Schokoladenbomben: 24 116

Zutaten: 116

Richtungen: 116

Portionen italienischer gefüllter Paprika: 6 117

Zutaten: 117

Richtungen: 118

Geräucherte Forelle im Salatmantel Portionen: 4 119

Zutaten: 119

Richtungen: 120

Zutaten für den Teufels-Eier-Salat: 121

Richtungen: 121

Sesam-Tamari-gebackenes Hähnchen mit grünen Bohnen 123

Zutaten: 123

Richtungen: 123

Portionen Ingwer-Hühnereintopf: 6 125

Zutaten: 125

Richtungen: 126

Zutaten für den cremigen Garbano-Salat: 127

Richtungen: 128

Karottennudeln mit Ingwer-Limetten-Erdnusssauce 130

Zutaten: 130

Richtungen: 131

Gebratenes Gemüse mit Süßkartoffeln und weißen Bohnen 132

Zutaten: 132

Richtungen: 133

Portionen Grünkohlsalat: 1 134

Zutaten: 134

Richtungen: 134

Gekühlte Glasportionen aus Kokosnuss und Haselnuss: 1 136

Zutaten: 136

Richtungen: 136

Portionen kühle Kichererbsen und Spinatbohnen: 4 137

Zutaten: 137

Richtungen: 137

Portionen Taroblätter in Kokossauce: 5 139

Zutaten: 139

Richtungen: 139

Gebratener Tofu und Gemüse: 4 140

Zutaten: 140

Richtungen: 140

Mit Kurkuma gewürzte Süßkartoffel, Apfel und Zwiebel mit Hühnchen 142

Zutaten: 142

Portionen gebratenes Kräutersteak mit Lachs: 4 144

Zutaten: 144

Richtungen: 144

Tofu und italienisch gewürztes Sommergemüse: 4 146

Zutaten: 146

Richtungen: 146

Zutaten für Erdbeer-Ziegenkäse-Salat: 148

Richtungen: 148

Eintopf mit Kurkuma, Blumenkohl und Kabeljau: 4 150

Zutaten: 150

Richtungen: 151

Walnüsse und Spargel Delight Portionen: 4 152

Zutaten: 152

Richtungen: 152

Zutaten für Alfredo-Zucchini-Nudeln: 153

Richtungen: 153

Zutaten für Quinoa-Putenhuhn: 155

Richtungen: 156

Portionen mit Knoblauch und Kürbisnudeln: 4 158

Zutaten: 158

Richtungen: 159

Gedämpfte Forelle mit roten Bohnen und Chili-Salsa: 1 160

Zutaten: 160

Richtungen: 161

Portionen Süßkartoffel- und Putensuppe: 4 162

Zutaten: 162

Richtungen: 163

Gebratener Miso-Lachs: 2 164

Zutaten: 164

Richtungen: 164

Einfach sautierte Filetfiletportionen: 6 166

Zutaten: 166

Richtungen: 166

Portionen Schweine-Carnitas: 10 167

Zutaten: 167

Richtungen: 168

Weißfischsuppe mit Gemüse 169

Portionen: 6 bis 8 169

Zutaten: 169

Richtungen: 169

Portionen Zitronenmuscheln: 4 171

Zutaten: 171

Richtungen: 171

Portionen Limetten-Chili-Lachs: 2 172

Zutaten: 172

Richtungen: 172

Käse-Thunfisch-Pasta-Portionen: 3-4 173

Zutaten: 173

Richtungen: 173

Portionen Kokosfischstreifen: 4 175

Zutaten: 175

Richtungen: 176

Mexikanische Fischportionen: 2 177

Zutaten: 177

Richtungen: 177

Forelle mit Gurkensalsa Portionen: 4 179

Zutaten: 179

Zitronen-Zoodles mit Garnelen Portionen: 4 181

Zutaten: 181

Richtungen: 181

Knusprige Garnelenportionen: 4 183

Zutaten: 183

Richtungen: 183

Gebratene Wolfsbarschportionen: 2 184

Zutaten: 184

Richtungen: 184

Portionen Lachskuchen: 4 185

Zutaten: 185

Richtungen: 185

Gewürzte Kabeljauportionen: 4 186

Zutaten: 186

Richtungen: 186

Portionen mit geräucherter Forelle bestreichen: 2 187

Zutaten: 187

Richtungen: 187

Thunfisch- und Schalottenportionen: 4 189

Zutaten: 189

Richtungen: 189

Garnelenportionen mit Zitronenpfeffer: 2 190

Zutaten: 190

Richtungen: 190

Portionen heißes Thunfischsteak: 6 191

Zutaten: 191

Richtungen: 191

Portionen Cajun-Lachs: 2 193

Zutaten: 193

Richtungen: 193

Quinoa-Lachsgericht mit Gemüse 194

Portionen: 4 194

Zutaten: 194

Zerbröckelte Fischportionen: 4 196

Zutaten: 196

Richtungen: 196

Einfache Portionen Lachsbrot: 4 197

Zutaten: 197

Richtungen: 198

Popcorngarnelen: 4 199

Zutaten: 199

Richtungen: 200

Gewürzte gebackene Fischportionen: 5 201

Zutaten: 201

Richtungen: 201

Portionen Paprika-Thunfisch: 4 202

Zutaten: 202

Richtungen: 202

Portionen Fischfrikadellen: 2 203

Zutaten: 203

Richtungen: 203

Gebratene Jakobsmuscheln mit Honig, Portionen: 4 204

Zutaten: 204

Richtungen: 204

Kabeljaufilets mit Shiitake-Pilzen: 4 206

Zutaten: 206

Richtungen: 206

Gebratener weißer Wolfsbarsch: 2 208

Zutaten: 208

Richtungen: 208

Gebackene Tomaten-Hackfleisch-Portionen: 4-5 209

Zutaten: 209

Richtungen: 209

Gebratener Schellfisch mit Roter Bete: 4 211

Zutaten: 211

Herzhafte Thunfischschmelzportionen: 4 213

Zutaten: 213

Richtungen: 213

Zitronenlachs mit Kaffee-Limetten-Portionen: 8 215

Zutaten: 215

Richtungen: 215

Zarter Lachs in Senfsauce, Portionen: 2 217

Zutaten: 217

Richtungen: 217

Krabbensalatportionen: 4 219

Zutaten: 219

Richtungen: 219

Gebackener Lachs mit Misosauce, Portionen: 4 220

Zutaten: 220

Richtungen: 220

Gebackener Kabeljau im Kräutermantel mit Honig Portionen: 2 222

Zutaten: 222

Richtungen: 222

Süßkartoffel-Hash-Portionen: 6

Kochzeit: 15 Minuten

Zutaten:

2 Süßkartoffeln, gewürfelt

2 EL Olivenöl

1 Esslöffel Paprika

1 TL getrocknetes Dillgras

Pfeffer nach Geschmack

Richtungen:

1. Heizen Sie die Heißluftfritteuse auf 400 Grad F vor.

2. Alle Zutaten in einer Schüssel vermischen.

3. In die Heißluftfritteuse geben.

4. 15 Minuten kochen lassen, dabei alle 5 Minuten umrühren.

Eiermuffins mit Feta und Quinoa Portionen: 12

Kochzeit: 30 Minuten

Zutaten:

Eier, acht

Tomaten, gehackt, eine Tasse

Salz, ein viertel Teelöffel

Feta-Käse, eine Tasse

Quinoa, eine Tasse gekocht

Olivenöl, zwei Teelöffel

Oregano, frisches Schweinekotelett, ein Esslöffel

Schwarze Oliven, gehackt, eine viertel Tasse

Zwiebel, gehackt, eine viertel Tasse

Babyspinat, gehackt, zwei Tassen

Richtungen:

1. Den Ofen auf 350 vorheizen. Eine 12-Tassen-Muffinform mit Öl einsprühen. Spinat, Oregano, Oliven, Zwiebeln und Tomaten fünf Minuten

in Olivenöl bei mittlerer Hitze kochen. Eier schlagen. Die gekochte Gemüsemischung mit Käse und Salz zu den Eiern geben. Die Mischung in Muffinförmchen füllen. 30 Minuten backen. Diese bleiben im Kühlschrank zwei Tage lang frisch. Zum Verzehr einfach in ein Papiertuch einwickeln und 30 Sekunden lang in der Mikrowelle erhitzen.

<u>Ernährungsinformation:</u>Kalorien 113 Kohlenhydrate 5 Gramm Protein 6 Gramm Fett 7

Gramm Zucker 1 Gramm

Herzhafte Kichererbsenpfannkuchen: 1

Kochzeit: 15 Minuten

Zutaten:

Wasser – 0,5 Tasse plus 2 EL

Zwiebel, fein gehackt – 0,25 Tasse

Paprika, fein gehackt – 0,25 Tasse

Kichererbsenmehl – 0,5 Tasse

Backpulver - 0,25 TL

Meersalz - 0,25 Teelöffel

Knoblauchpulver – 0,25 Teelöffel

Rote Pfefferflocken – 0,125 TL

Schwarzer Pfeffer, gemahlen – 0,125 Teelöffel

Richtungen:

1. Erhitzen Sie eine 25 cm große beschichtete Pfanne auf mittlerer Stufe, während Sie den Kichererbsen-Pfannkuchenteig zubereiten.

2. In einer Küchenmaschine das Kichererbsenmehl mit Backpulver und Gewürzen verrühren. Nach dem Mischen das Wasser hinzufügen und fünfzehn bis dreißig Sekunden lang kräftig verrühren, um viele Luftblasen in den Kichererbsenteig zu schlagen und ihn zu zerkleinern und Klumpen zu bilden.

Gehackte Zwiebel und Paprika unterrühren.

3. Wenn die Pfanne heiß ist, den gesamten Teig auf einmal hineingießen, sodass ein einziger großer Pfannkuchen entsteht. Bewegen Sie die Pfanne in kreisenden Bewegungen, um den Teig gleichmäßig auf dem gesamten Boden der Pfanne zu verteilen, und lassen Sie ihn dann ungestört ruhen.

4. Backen Sie den Kichererbsenpfannkuchen etwa fünf bis sieben Minuten lang, bis er fest ist und sich leicht wenden lässt, ohne zu zerbrechen. Die Unterseite sollte goldbraun sein. Drehen Sie den leckeren Kichererbsenpfannkuchen vorsichtig mit einem großen Pfannenwender um und lassen Sie die andere Seite weitere fünf Minuten backen.

5. Nehmen Sie die Pfanne mit dem leckeren Kichererbsenpfannkuchen vom Herd und geben Sie den Pfannkuchen auf einen Teller, lassen Sie ihn ganz oder schneiden Sie ihn in Scheiben. Mit herzhaften Saucen und Dips Ihrer Wahl servieren.

Leckere Portionen Kurkumamilch: 2

Kochzeit: 5 Minuten

Zutaten:

1½ Tassen Kokosmilch, ungesüßt

1½ Tassen Mandelmilch, ungesüßt

¼ Teelöffel gemahlener Ingwer

1½ TL gemahlener Kurkuma

1 Esslöffel Kokosöl

¼ Teelöffel gemahlener Zimt

Richtungen:

1. Kokos- und Mandelmilch in einen kleinen Topf geben und bei mittlerer Hitze erhitzen, Ingwer, Öl, Kurkuma und Zimt hinzufügen. Mischen und 5 Minuten kochen lassen, in Schüsseln verteilen und servieren.

2. Viel Spaß!

Ernährungsinformation:Kalorien 171, Fett 3, Ballaststoffe 4, Kohlenhydrate 6, Protein 7

Grüne Shakshuka-Portionen: 4

Kochzeit: 25 Minuten

Zutaten:

2 EL natives Olivenöl extra

1 Zwiebel, fein gehackt

2 Knoblauchzehen, fein gehackt

1 Jalapeño, entkernt und fein gehackt

1 Pfund Spinat (aufgetaut, falls gefroren)

1 Teelöffel getrockneter Kreuzkümmel

¾ Teelöffel Koriander

Salz und frisch gemahlener schwarzer Pfeffer

2 Esslöffel Harissa

½ Tasse Gemüsebrühe

8 große Eier

Gehackte frische Petersilie, je nach Bedarf zum Servieren. Gehackter frischer Koriander nach Bedarf zum Servieren. Roter Pfeffer nach Bedarf zum Servieren

Richtungen:

1. Backofen auf 350 °F vorheizen.

2. Das Olivenöl in einer großen, ofenfesten Pfanne bei mittlerer Hitze erhitzen. Die Zwiebel dazugeben und 4 bis 5 Minuten anbraten. Knoblauch und Jalapeño unterrühren und noch 1 Minute anbraten, bis es duftet.

3. Fügen Sie den Spinat hinzu und kochen Sie ihn, bis er vollständig zusammengefallen ist, wenn er frisch ist, 4 bis 5 Minuten oder 1 bis 2 Minuten, wenn er aus dem gefrorenen Zustand aufgetaut ist, bis er durchgewärmt ist.

4. Mit Kreuzkümmel, Pfeffer, Koriander, Salz und Harissa würzen. Etwa 1 Minute kochen, bis es duftet.

5. Geben Sie die Mischung in eine Küchenmaschine oder einen Mixer und pürieren Sie sie, bis sie grob ist. Brühe und Püree vermischen, bis eine glatte und dickflüssige Masse entsteht.

6. Wischen Sie die Pfanne ab und sprühen Sie Antihaftspray darauf. Gießen Sie die Spinatmischung zurück in die Pfanne und formen Sie mit einem Holzlöffel acht runde Mulden.

7. Schlagen Sie die Eier vorsichtig in die Röhrchen auf. Stellen Sie die Pfanne in den Ofen und backen Sie sie 20 bis 25 Minuten lang, bis das Eiweiß fest ist, das Eigelb jedoch noch leicht steif ist.

8. Nach Belieben Petersilie, Koriander und rote Pfefferflocken auf die Shakshuka streuen. Sofort servieren.

Ernährungsinformation: 251 Kalorien, 17 g Fett, 10 g Kohlenhydrate, 17 g Eiweiß, 3 g Zucker

Portionen Quinoa-Proteinbrot: 12

Zubereitungszeit: 1 Stunde, 45 Minuten

Zutaten:

Kichererbsenmehl – 1 Tasse

Geröstetes Quinoamehl – 1 Tasse

Kartoffelstärke – 1 Tasse

Sorghummehl – 1 Tasse

Xanthangummi – 2 TL

Meersalz – 1 Teelöffel

Wasser, warm – 1,5 Tassen

Aktive Trockenhefe - 1,5 TL

Dattelpaste – 2 EL

Mohnsamen - 1 Esslöffel

Sonnenblumenkerne – 1 EL

Pepitas – 2 EL

Avocadoöl – 3 EL

Eier, Raumtemperatur - 3

Richtungen:

1. Bereiten Sie eine 9 x 5 Zoll große Kastenform vor, indem Sie sie mit Küchenpapier auslegen und dann leicht einfetten.

2. In einer Rührschüssel warmes Wasser, Dattelpaste und Hefe verrühren, bis sich der Inhalt vollständig aufgelöst hat. Lassen Sie diese Mischung für das Quinoa-Brot fünf bis zehn Minuten ruhen, bis die Hefe Blasen geschlagen hat und aufgegangen ist – dies sollte in einer warmen Umgebung erfolgen.

3. In der Zwischenzeit Mehl, Stärke, Xanthangummi und Meersalz in einer großen Rührschüssel, vorzugsweise einer Küchenmaschine, vermischen, bis alles gut vermischt ist. Zum Schluss in einer kleinen Rührschüssel das Avocadoöl und die Eier verquirlen. Legen Sie diese beiseite, während Sie darauf warten, dass die Hefe ihre Blüte beendet.

4. Wenn die Hefe aufgeblüht ist, stellen Sie den Mixer mit der Mehlmischung auf niedrige Stufe und gießen Sie die Hefemischung hinein. Lassen Sie die mit dem Rühraufsatz ausgestattete Küchenmaschine einige Augenblicke lang die Flüssigkeit und das Mehl vermischen, bevor Sie die Ei-

Öl-Mischung hinzufügen. Lassen Sie diese Mischung zwei Minuten lang weiter vermischen, bis eine zusammenhängende Masse entsteht

Teigkugel. Die Samen zum Teig geben und eine weitere Minute bei mittlerer Geschwindigkeit verrühren. Bedenken Sie, dass der Teig feuchter und weniger elastisch ist als Teig aus herkömmlichem Mehl, da er glutenfrei ist.

5. Gießen Sie den Quinoa-Protein-Teig in die vorbereitete Pfanne, decken Sie ihn mit Frischhaltefolie oder einem sauberen, feuchten Tuch ab und lassen Sie ihn an einem warmen, zugfreien Ort gehen, bis er sein Volumen verdoppelt hat – etwa vierzig Minuten.

In der Zwischenzeit den Ofen auf 375 Grad Fahrenheit vorheizen.

6. Legen Sie das aufgegangene Brot in die Mitte des Ofens und lassen Sie es backen, bis es durchgebacken ist und eine goldene Farbe hat. Wenn man auf das Quinoa-Proteinbrot klopft, sollte es hohl klingen. Nehmen Sie die Quinoa-Proteinbrotform aus dem Ofen und lassen Sie sie fünf Minuten abkühlen, bevor Sie das Quinoa-Proteinbrot aus der Form nehmen und zum Abkühlen auf einen Rost legen. Lassen Sie das Quinoa-Brot vollständig abkühlen, bevor Sie es in Scheiben schneiden.

Portionen Ingwer-Karotten-Kokos-Muffins: 12

Kochzeit: 20-22 Minuten

Zutaten:

2 Tassen blanchiertes Mandelmehl

½ Tasse ungesüßte Kokosflocken

1 Teelöffel Backpulver

½ Teelöffel Piment

½ TL gemahlener Ingwer

Gemahlene Nelken prise

Salz, nach Geschmack

3 Bio-Eier

½ Tasse Bio-Honig

½ Tasse Kokosöl

1 Tasse Karotte, geschält und gerieben

2 Esslöffel frischer Ingwer, geschälte und geriebene ¾ Tasse Rosinen, 15 Minuten in Wasser eingeweicht und abgetropft<u>Richtungen:</u>

1. Heizen Sie den Ofen auf 350 Grad F vor. Fetten Sie 12 Tassen einer großen Muffinform ein.

2. In einer großen Schüssel Mehl, Kokosnussstreifen, Backpulver, Gewürze und Salz vermischen.

3. Eier, Honig und Öl in eine andere Schüssel geben und verrühren, bis alles gut vermischt ist.

4. Die Eimischung zur Mehlmischung geben und gut verrühren.

5. Karotte, Ingwer und Rosinen unterheben.

6. Gießen Sie die Mischung gleichmäßig in vorbereitete Muffinförmchen.

7. Ca. 5 Minuten backen. 20-22 Minuten oder bis ein in die Mitte gesteckter Zahnstocher sauber herauskommt.

Ernährungsinformation:Kalorien: 352, Fett: 13 g, Kohlenhydrate: 33 g, Ballaststoffe: 9 g, Protein: 15 g

Portionen warmer Honigbrei: 4

Zutaten:

¼ c. Honig

½ c. Haferflocken

3 c. kochendes Wasser

¾ c. Bulgurweizen

Richtungen:

1. Bulgurweizen und Haferflocken in einen Topf geben. Das kochende Wasser hinzufügen und umrühren.

2. Stellen Sie die Pfanne auf hohe Hitze und bringen Sie sie zum Kochen. Wenn es kocht, reduzieren Sie die Hitze auf einen niedrigen Wert, decken Sie es ab und lassen Sie es 10 Minuten lang köcheln, dabei gelegentlich umrühren.

3. Vom Herd nehmen, Honig einrühren und sofort servieren.

Ernährungsinformation:Kalorien: 172, Fett: 1 g, Kohlenhydrate: 40 g, Protein: 4 g, Zucker: 5 g, Natrium: 20 mg

Frühstückssalatportionen: 4

Zubereitungszeit: 0 Minuten

Zutaten:

27 Gramm Grünkohlsalat, gemischt mit Trockenfrüchten, 1 ½ Tassen Blaubeeren

15 Gramm Rote Bete, gekocht, geschält und geschnitten

¼ Tasse Olivenöl

2 Esslöffel Apfelessig

1 TL Kurkumapulver

1 Esslöffel Zitronensaft

1 Knoblauchzehe, fein gehackt

1 TL frisch geriebener Ingwer

Eine Prise schwarzer Pfeffer

Richtungen:

1. In einer Salatschüssel Grünkohl und Trockenfrüchte mit Roter Bete und Blaubeeren vermischen. In einer separaten Schüssel das Öl mit Essig, Kurkuma, Zitronensaft, Knoblauch, Ingwer und einer Prise schwarzem

Pfeffer vermischen, gut verquirlen und über den Salat gießen, vermischen und servieren.

2. Viel Spaß!

Ernährungsinformation:Kalorien 188, Fett 4, Ballaststoffe 6, Kohlenhydrate 14, Protein 7

Schnelles Quinoa mit Zimt und Chia-Portionen: 2

Kochzeit: 3 Minuten

Zutaten:

2 Tassen Quinoa, vollständig gekocht

1 Tasse Cashewmilch

½ TL gemahlener Zimt

1 Tasse frische Blaubeeren

¼ Tasse Walnüsse, geröstet

2 Teelöffel roher Honig

1 Esslöffel Chiasamen

Richtungen:

1. Bei mittlerer bis niedriger Hitze Quinoa und Cashewmilch in einen Topf geben. Zimt, Blaubeeren und Walnüsse unterrühren. Drei Minuten lang langsam kochen.

2. Nehmen Sie den Topf vom Herd. Den Honig einrühren. Vor dem Servieren mit Chiasamen garnieren.

Ernährungsinformation:Kalorien 887 Fett: 29,5 g Protein: 44. Natrium: 85 mg Gesamtkohlenhydrate: 129,3 g Ballaststoffe: 18,5 g

Getreidefreie Süßkartoffelwaffeln: 2

Kochzeit: 15 Minuten

Zutaten:

Süßkartoffeln, geraspelt – 3 Tassen

Kokosmehl – 2 EL

Pfeilwurz – 1 Esslöffel

Eier - 2

Sojaöl – 1 EL

Zimt, gemahlen – 0,5 Teelöffel

Muskatnuss, gemahlen – 0,25 Teelöffel

Meersalz - 0,25 Teelöffel

Dattelpaste – 1 Esslöffel

Richtungen:

1. Bevor Sie Ihre Waffeln mixen, heizen Sie zunächst das Waffeleisen auf.

2. In einer Schüssel Eier, Sojaöl und Dattelmark verrühren, bis alles gut vermischt ist. Die restlichen Zutaten hinzufügen und verrühren, bis alle Zutaten gleichmäßig verteilt sind.

3. Fetten Sie Ihr erhitztes Waffeleisen ein und geben Sie etwas Teig hinein.

Schließen Sie das Bügeleisen und lassen Sie die Waffel etwa sechs bis sieben Minuten lang goldbraun backen. Wenn Sie fertig sind, nehmen Sie die Waffel mit einer Gabel heraus und backen Sie dann die andere Hälfte des Teigs auf die gleiche Weise.

4. Servieren Sie die getreidefreien Süßkartoffelwaffeln warm mit Ihren Lieblingszutaten, wie Joghurt und frischen Beeren, Fruchtkompott oder Lakantos Mönchsfruchtsirup mit Ahorngeschmack.

Portionen Quinoa-Spargel-Frittata: 3

Kochzeit: 30 Minuten

Zutaten:

2 EL Olivenöl

1 Tasse geschnittene Pilze

1 Tasse Spargel, in 2,5 cm große Stücke geschnitten

½ Tasse gehackte Tomate

6 große Eier, auf der Weide aufgezogen

2 große Eiweiße, aus Weidehaltung

¼ Tasse milchfreie Milch

1 Tasse Quinoa, gemäß Packungsbeilage gekocht 3 Esslöffel gehackter Basilikum

1 Esslöffel gehackte Petersilie, garnieren

Salz und Pfeffer nach Geschmack

Richtungen:

1. Ofen auf 3500F vorheizen.

2. Das Olivenöl bei mittlerer Hitze in einer Pfanne erhitzen.

3. Pilze und Spargel unterrühren.

4. Mit Salz und Pfeffer abschmecken. 7 Minuten kochen lassen oder bis die Pilze und der Spargel gebräunt sind.

5. Die Tomaten hinzufügen und 3 Minuten kochen lassen. Zur Seite legen.

6. In der Zwischenzeit Eier, Eiweiß und Milch in einer Rührschüssel vermischen.

Zur Seite legen.

7. Quinoa in eine ofenfeste Form geben und mit der Gemüsemischung belegen. In die Eimischung gießen.

8. In den Ofen schieben und 20 Minuten backen oder bis die Eier fest sind.

Ernährungsinformation:Kalorien 450Gesamtfett 37gGesättigtes Fett 5gGesamtkohlenhydrate 17gNettokohlenhydrate 14gProtein 12gZucker: 2gBallaststoffe: 3gNatrium: 60mgKalium 349mg

Huevos Rancheros-Portionen: 3

Kochzeit: 20 Minuten

Zutaten:

Eier - 6

Maistortillas, klein – 6

Gekühlte Bohnen – 1,5 Tassen

Gewürfelte grüne Chilis, aus der Dose – 4 Gramm

Vorgeröstete Tomaten aus der Dose – 14,5 Gramm

Geschnittene Avocado - 1

Knoblauch, fein gehackt – 2 Zehen

Koriander, gehackt – 0,5 Tasse

Gewürfelte Zwiebel - 0,5

Meersalz - 0,5 TL

Kreuzkümmel, gemahlen – 0,5 Teelöffel

Extra natives Olivenöl – 1 TL

Schwarzer Pfeffer, gemahlen – 0,25 Teelöffel

Richtungen:

1. Lassen Sie die gerösteten Tomaten, grünen Chilis, Meersalz, Kreuzkümmel und schwarzen Pfeffer fünf Minuten lang in einem Topf ziehen.

2. In der Zwischenzeit die Zwiebel und das Olivenöl in einer großen Bratpfanne anbraten und den Knoblauch für die letzte Minute des Bratens hinzufügen – insgesamt etwa fünf Minuten.

3. Braten Sie die Eier in der Pfanne nach dem gewünschten Gargrad; Gekühlte Bohnen aufwärmen und Tortillas erwärmen.

4. Zum Servieren gekühlte Bohnen, Tomaten, Zwiebeln und Eier über die Tortillas geben. Mit Avocado und Koriander belegen und frisch und heiß genießen. Wenn Sie möchten, können Sie etwas Salsa, Käse oder Sauerrahm hinzufügen.

Portionen Spinat-Pilz-Omelett: 2

Kochzeit: 15 Minuten

Zutaten:

Olivenöl, ein Esslöffel + ein Esslöffel

Spinat, frisch, gehackt, eineinhalb Tassen Frühlingszwiebeln, eine gewürfelt

Ei, Holz

Feta-Käse, eine Unze

Pilz, Knopf, fünf Scheiben

Rote Zwiebel, gewürfelt, eine viertel Tasse

Richtungen:

1. Pilze, Zwiebeln und Spinat drei Minuten in einem Esslöffel Olivenöl anbraten und beiseite stellen. Schlagen Sie die Eier gut auf und kochen Sie sie im zweiten Esslöffel Olivenöl drei bis vier Minuten lang, bis die Ränder anfangen zu bräunen. Alle anderen Zutaten auf die Hälfte des Omeletts streuen und die andere Hälfte über die sautierten Zutaten heben. Auf jeder Seite eine Minute braten.

Ernährungsinformation:Kalorien 337 Fett 25 Gramm Protein 22 Gramm Kohlenhydrate 5,4 Gramm Zucker 1,3 Gramm Ballaststoffe 1 Gramm

Portionen Kürbis-Bananen-Waffeln: 4

Kochzeit: 5 Minuten

Zutaten:

½ Tasse Mandelmehl

½ Tasse Kokosmehl

1 Teelöffel Backpulver

1½ TL gemahlener Zimt

¾ Teelöffel gemahlener Ingwer

½ TL gemahlene Nelken

½ TL gemahlene Muskatnuss

Salz, nach Geschmack

2 EL Olivenöl

5 große Bio-Eier

¾ Tasse Mandelmilch

½ Tasse Kürbispüree

2 mittelgroße Bananen, geschält und in Scheiben geschnitten

Richtungen:

1. Das Waffeleisen vorheizen und anschließend einfetten.

2. In einer großen Schüssel Mehl, Backpulver und Gewürze vermischen.

3. Die restlichen Zutaten in einen Mixer geben und glatt rühren.

4. Mehlmischung hinzufügen und pulsieren

5. Geben Sie die gewünschte Menge der Mischung in das vorgeheizte Waffeleisen.

6. Ca. 5 Min. kochen lassen. 4-5 Minuten.

7. Wiederholen Sie den Vorgang mit der restlichen Mischung.

Ernährungsinformation:Kalorien: 357,2, Fett: 28,5 g, Kohlenhydrate: 19,7 g, Ballaststoffe: 4 g, Protein: 14 g

Rührei mit Räucherlachs: 2

Kochzeit: 10 Minuten

Zutaten:

4 Eier

2 EL Kokosmilch

Frischer Schnittlauch, gehackt

4 Scheiben wild gefangener Räucherlachs, gehackt Salz nach Geschmack

Richtungen:

1. In einer Schüssel Eier, Kokosmilch und Schnittlauch verquirlen.

2. Fetten Sie die Pfanne mit Öl ein und erhitzen Sie sie bei mittlerer bis niedriger Hitze.

3. Gießen Sie die Eiermischung hinein und rühren Sie die Eier während des Kochens um.

4. Sobald die Eier fest werden, den Räucherlachs hinzufügen und weitere 2 Minuten kochen lassen.

Ernährungsinformation: Kalorien 349 Gesamtfett 23g Gesättigtes Fett 4g Gesamtkohlenhydrate 3g Nettokohlenhydrate 1g Protein 29g Zucker: 2g Ballaststoffe: 2g Natrium: 466mg Kalium 536mg

Cremiges Parmesan-Risotto mit Pilzen und Blumenkohl

Portionen: 2

Kochzeit: 18 Minuten

Zutaten:

1 Knoblauchzehe, geschält, in Scheiben geschnitten

½ Tasse Sahne

½ Tasse Blumenkohl, gerieben

½ Tasse Champignons, in Scheiben geschnitten

Kokosöl zum Braten

Parmesankäse, gerieben, zum Garnieren

Richtungen:

1. Nehmen Sie eine Bratpfanne, stellen Sie sie auf mittlere Hitze, geben Sie Kokosöl hinzu und wenn es schmilzt, fügen Sie Knoblauch und Pilze hinzu und kochen Sie es 4 Minuten lang

Minuten oder zum Anbraten.

2. Anschließend den Blumenkohl und die Sahne in den Topf geben, gut umrühren und 12 Minuten köcheln lassen.

3. Das Risotto auf einen Teller geben, mit Käse belegen und servieren.

Ernährungsinformation:Kalorien 179, Gesamtfett 17,8 g, Gesamtkohlenhydrate 4,4 g, Protein 2,8 g, Zucker 2,1 g, Natrium 61 mg

Gebratener Brokkoli mit Cheddar-Portionen: 2

Kochzeit: 30 Minuten

Zutaten:

1½ Tassen Brokkoliröschen

Salz und frisch gemahlener schwarzer Pfeffer, nach Geschmack 1/8 Tasse Ranch-Dressing

1/8 Tasse schwere Schlagsahne

¼ Tasse geriebener scharfer Cheddar-Käse

1 Esslöffel Olivenöl

Richtungen:

1. Schalten Sie den Ofen ein, stellen Sie die Temperatur auf 375 °F ein und lassen Sie ihn vorheizen.

2. Nehmen Sie in der Zwischenzeit eine mittelgroße Schüssel, geben Sie die Röschen zusammen mit den restlichen Zutaten hinein und rühren Sie um, bis alles gut vermischt ist.

3. Nehmen Sie eine ofenfeste Form, fetten Sie sie mit Öl ein, löffeln Sie die vorbereitete Mischung und backen Sie sie 30 Minuten lang, bis sie gar ist.

4. Wenn Sie fertig sind, lassen Sie den Auflauf 5 Minuten lang abkühlen und servieren Sie ihn dann.

Ernährungsinformation:Kalorien 111, Gesamtfett 7,7 g, Gesamtkohlenhydrate 5,7 g, Protein 5,8 g, Zucker 1,6 g, Natrium 198 mg

Puten-Chili-Portionen: 8

Zubereitungszeit: 4 Stunden und 10 Minuten

Zutaten:

1 Kilo gemahlener Truthahn, vorzugsweise 99 % mager

2 Dosen rote Kidneybohnen, abgespült und abgetropft (je 15 Unzen) 1 rote Paprika, gehackt

2 Dosen Tomatensauce (je 15 oz)

1 Glas fein geschnittene, gezähmte Jalapenopfeffer, abgetropft (16 oz) 2 Dosen kleine Tomaten, gewürfelt (je 15 oz) 1 EL Kreuzkümmel

1 gelbe Paprika, grob gehackt

2 Dosen schwarze Bohnen, vorzugsweise abgespült und abgetropft (je 15 Unzen) 1 Tasse Mais, gefroren

2 Esslöffel Chilipulver

1 Esslöffel Olivenöl

Schwarzer Pfeffer und Salz nach Geschmack

1 mittelgroße Zwiebel, gewürfelt

Frühlingszwiebeln, Avocado, geriebener Käse, griechischer Joghurt/Sauerrahm, zum Bestreuen, optional

Richtungen:

1. Erhitzen Sie das Öl in einer großen Pfanne, bis es heiß ist. Wenn Sie fertig sind, legen Sie den Truthahn vorsichtig in die heiße Pfanne und braten Sie ihn an, bis er braun ist. Gießen Sie den Truthahn auf den Boden des Slow Cookers, vorzugsweise 6 Liter.

2. Jalapeños, Mais, Paprika, Zwiebeln, Tomatenwürfel, Tomatensauce, Bohnen, Kreuzkümmel und Chilipulver hinzufügen. Mischen und mit Pfeffer und Salz abschmecken.

3. Abdecken und 6 Stunden bei schwacher Hitze oder 4 Stunden bei starker Hitze garen.

Mit Toppings Ihrer Wahl servieren und genießen.

Ernährungsinformation:kcal 455 Fett: 9 g Ballaststoffe: 19 g Protein: 38 g

Linsensuppe mit Gewürzen Portionen: 5

Kochzeit: 25 Minuten

Zutaten:

1 Tasse gelbe Zwiebel (gewürfelt)

1 Tasse Karotte (gewürfelt)

1 Tasse Rübengrün

2 EL natives Olivenöl extra

2 Esslöffel Balsamico-Essig

4 Tassen Babyspinat

2 Tassen braune Linsen

¼ Tasse frische Petersilie

Richtungen:

1. Heizen Sie den Schnellkochtopf auf mittlerer Stufe vor und geben Sie Olivenöl und Gemüse hinein.

2. Nach 5 Minuten Brühe, Linsen und Salz in den Topf geben und 15 Minuten köcheln lassen.

3. Nehmen Sie den Deckel ab und geben Sie Spinat und Essig hinzu.

4. Rühren Sie die Suppe 5 Minuten lang um und schalten Sie die Flamme aus.

5. Mit frischer Petersilie garnieren.

Ernährungsinformation:Kalorien 96 Kohlenhydrate: 16 g Fett: 1 g Protein: 4 g

Knoblauchhähnchen und Gemüse: 4

Kochzeit: 45 Minuten

Zutaten:

2 Teelöffel natives Olivenöl extra

1 Lauch, nur der weiße Teil, in dünne Scheiben geschnitten

2 große Zucchini, in ¼-Zoll-Scheiben geschnitten

4 Hähnchenbrustfilets ohne Knochen und Haut

3 Knoblauchzehen, fein gehackt

1 Teelöffel Salz

1 Teelöffel getrockneter Oregano

¼ TL frisch gemahlener schwarzer Pfeffer

½ Tasse Weißwein

Saft von 1 Zitrone

Richtungen:

1. Ofen auf 400 °F vorheizen. Fetten Sie das Backblech mit Öl ein.

2. Lauch und Zucchini auf das Backpapier legen.

3. Das Hähnchen mit der Hautseite nach oben legen und mit Knoblauch, Salz, Oregano und Pfeffer bestreuen. Den Wein hinzufügen.

4. Innerhalb von 35 bis 40 Minuten backen. Herausnehmen und 5 Minuten ruhen lassen.

5. Den Zitronensaft hinzufügen und servieren.

Ernährungsinformation:Kalorien 315 Gesamtfett: 8 g Gesamtkohlenhydrate: 12 g Zucker: 4 g Ballaststoffe: 2 g Protein: 44 g Natrium: 685 mg

Portionen Räucherlachssalat: 4

Kochzeit: 20 Minuten

Zutaten:

2 Babyfenchelknollen, in dünne Scheiben geschnitten, einige Blätter beiseite gelegt, 1 Esslöffel gesalzene Babykapern, abgespült, abgetropft, ½ Tasse Naturjoghurt

2 Esslöffel Petersilie, gehackt

1 Esslöffel Zitronensaft, frisch gepresst

2 Esslöffel frischer Schnittlauch, gehackt

1 Esslöffel gehackter frischer Estragon

180g Räucherlachs in Scheiben, wenig Salz

½ rote Zwiebel, in dünne Scheiben geschnitten

1 Teelöffel Zitronenschale, fein gerieben

½ Tasse französische grüne Linsen, abgespült

60 g frischer Babyspinat

½ Avocado, in Scheiben geschnitten

Eine Prise Puderzucker

Richtungen:

1. Wasser in einen großen Topf mit Wasser geben und bei mäßiger Hitze zum Kochen bringen. Beim Kochen; Linsen 20 Minuten kochen, bis sie weich sind; gut abtropfen lassen.

2. In der Zwischenzeit eine Grillpfanne bei starker Hitze vorheizen.

Die Fenchelscheiben mit etwas Öl beträufeln und in 2 Minuten garen, bis sie weich sind

Minuten pro Seite.

3. Schnittlauch, Petersilie, Joghurt, Estragon, Zitronenschale und Kapern in einer Küchenmaschine glatt rühren und mit Pfeffer würzen.

4. Die Zwiebel mit Zucker, Saft und einer Prise Salz in eine große Rührschüssel geben. Einige Minuten ruhen lassen und dann abtropfen lassen.

5. Die Linsen mit Zwiebeln, Fenchel, Avocado und Spinat in einer großen Rührschüssel vermengen. Gleichmäßig auf die Teller verteilen und mit dem Fisch belegen. Mit den restlichen Fenchelblättern und noch mehr frischer Petersilie bestreuen. Mit dem Dressing der grünen Göttin beträufeln. Genießen.

Ernährungsinformation:kcal 368 Fett: 14 g Ballaststoffe: 8 g Protein: 20 g

Bohnen-Shawarma-Salat Portionen: 2

Kochzeit: 20 Minuten

Zutaten:

Zur Salatzubereitung

20 Pita-Tabletten

5 Unzen Frühlingssalat

10 Kirschtomaten

¾ Tasse frische Petersilie

¼ Tasse rote Zwiebel (gehackt)

Für Kichererbsen

1 Esslöffel Olivenöl

1 Kopf Kreuzkümmel und Kurkuma

½ Esslöffel Paprika- und Korianderpulver 1 Prise schwarzer Pfeffer

½ Eine Prise koscheres Salz

¼ TL Ingwer- und Zimtpulver

Zur Zubereitung von Dressings

3 Knoblauchzehen

1 Esslöffel getrockneter Dill

1 Esslöffel Limettensaft

Wasser

½ Tasse Hummus

Richtungen:

1. Stellen Sie einen Rost in den bereits vorgeheizten Backofen (204 °C). Die Kichererbsen mit allen Gewürzen und Kräutern vermischen.

2. Eine dünne Schicht Kichererbsen auf das Backblech legen und fast 20 Minuten backen. Braten Sie es, bis die Bohnen goldbraun sind.

3. Um das Dressing zuzubereiten, alle Zutaten in eine Rührschüssel geben und verrühren. Für die richtige Konsistenz nach und nach Wasser hinzufügen.

4. Alle Kräuter und Gewürze zu einem Salat vermischen.

5. Zum Servieren Fladenbrot und Bohnen zum Salat geben und etwas Dressing darüber träufeln.

Ernährungsinformation:Kalorien 173 Kohlenhydrate: 8 g Fett: 6 g Protein: 19 g

Portionen gebratener Reis mit Ananas: 4

Kochzeit: 20 Minuten

Zutaten:

2 Karotten, geschält und gerieben

2 Frühlingszwiebeln, in Scheiben geschnitten

3 Esslöffel Sojasauce

1/2 Tasse Schinken, gewürfelt

1 Esslöffel Sesamöl

2 Tassen Dosen-/frische Ananas, gewürfelt

1/2 TL Ingwerpulver

3 Tassen brauner Reis, gekocht

1/4 Teelöffel weißer Pfeffer

2 EL Olivenöl

1/2 Tasse gefrorene Erbsen

2 Knoblauchzehen, fein gehackt

1/2 Tasse gefrorener Mais

1 Zwiebel, gewürfelt

Richtungen:

1. 1 Esslöffel Sesamöl, 3 Esslöffel Sojasauce, 2 Prisen weißer Pfeffer und 1/2 Teelöffel Ingwerpulver in eine Schüssel geben. Gut vermischen und beiseite stellen.

2. Öl in einer Pfanne vorheizen. Den Knoblauch zusammen mit der gewürfelten Zwiebel hinzufügen.

Unter häufigem Rühren etwa 3–4 Minuten kochen lassen.

3. Fügen Sie 1/2 Tasse gefrorene Erbsen, geriebene Karotten und 1/2 Tasse gefrorenen Mais hinzu.

Nur ein paar Minuten rühren, bis das Gemüse weich ist.

4. Sojasaucenmischung, 2 Tassen gewürfelte Ananas, ½ Tasse gehackten Schinken, 3 Tassen gekochten braunen Reis und geschnittene Frühlingszwiebeln unterrühren.

Unter häufigem Rühren etwa 2-3 Minuten kochen lassen. Aufschlag!

Ernährungsinformation:252 Kalorien, 12,8 g Fett, 33 g Gesamtkohlenhydrate, 3 g Protein

Linsensuppenportionen: 2

Kochzeit: 30 Minuten

Zutaten:

2 Karotten, mittelgroß und gewürfelt

2 Esslöffel. Zitronensaft, frisch

1 Esslöffel. Kurkumapulver

1/3 Tasse Linsen, gekocht

1 Esslöffel. Gehackte Mandeln

1 Sellerie, gewürfelt

1 Bund Petersilie, frisch gehackt

1 gelbe Zwiebel, groß und gehackt

Schwarzer Pfeffer, frisch gemahlen

1 Pastinake, mittelgroß und gehackt

½ TL. Kreuzkümmelpulver

3 ½ Tassen Wasser

½ TL. Rosa Himalaya-Salz

4 Grünkohlblätter, grob gehackt

Richtungen:

1. Zunächst die Karotten, Pastinaken, einen Esslöffel Wasser und die Zwiebel bei mittlerer Hitze in einen mittelgroßen Topf geben.

2. Kochen Sie die Gemüsemischung 5 Minuten lang und rühren Sie dabei gelegentlich um.

3. Anschließend die Linsen und Gewürze unterrühren. Gut kombinieren.

4. Gießen Sie anschließend Wasser in den Topf und kochen Sie die Mischung.

5. Reduzieren Sie nun die Hitze auf eine niedrige Stufe und lassen Sie es 20 Minuten lang köcheln

Protokoll.

6. Den Herd ausschalten und vom Herd nehmen. Grünkohl, Zitronensaft, Petersilie und Salz hinzufügen.

7. Dann gut umrühren, bis alles zusammenkommt.

8. Mit Mandeln belegen und warm servieren.

Ernährungsinformation:Kalorien: 242 kcal, Proteine: 10 g, Kohlenhydrate: 46 g, Fett: 4 g

Köstlicher Thunfischsalat, Portionen: 2

Kochzeit: 15 Minuten

Zutaten:

2 Dosen Thunfisch, verpackt in Wasser (je 5 oz), abgetropft ¼ Tasse Mayonnaise

2 Esslöffel frisches Basilikum, gehackt

1 Esslöffel Zitronensaft, frisch gepresst

2 Esslöffel feuergeröstete rote Paprika, gehackt ¼ Tasse Kalamata oder gemischte Oliven, gehackt

2 große Strauchtomaten

1 Esslöffel Kapern

2 Esslöffel rote Zwiebel, fein gehackt

Pfeffer und Salz nach Geschmack

Richtungen:

1. Alle Zutaten (außer Tomaten) in einer großen Rührschüssel vermischen; Rühren Sie die Zutaten gut um, bis sie gut vermischt sind.

Teilen Sie die Tomaten in Sechstel und hebeln Sie sie vorsichtig auf. Geben Sie die vorbereitete Thunfischsalatmischung in die Mitte. Sofort servieren und genießen.

Ernährungsinformation:kcal 405 Fett: 24 g Ballaststoffe: 3,2 g Protein: 37 g

Aioli mit Eiportionen: 12

Zubereitungszeit: 0 Minuten

Zutaten:

2 Eigelb

1 Knoblauch, gerieben

2 Esslöffel. Wasser

½ Tasse natives Olivenöl extra

¼ Tasse Zitronensaft, frisch gepresst, Kern entfernt ¼ TL. Meersalz

Etwas Cayennepfefferpulver

Eine Prise weißer Pfeffer nach Geschmack

Richtungen:

1. Knoblauch, Eigelb, Salz und Wasser in den Mixer geben; glatt rühren. Olivenöl in einem langsamen Strahl hinzufügen, bis das Dressing emulgiert.

2. Die restlichen Zutaten hinzufügen. Schmecken; Bei Bedarf nachwürzen.

In einen luftdichten Behälter füllen; nach Bedarf verwenden.

Ernährungsinformation: Kalorien 100 Kohlenhydrate: 1 g Fett: 11 g Protein: 0 g

Spaghetti-Nudeln mit Kräuter-Pilz-Sauce

Zutaten:

200 Gramm/6,3 Unzen, etwa eine große Portion einer Packung schlanker Weizenspaghetti *

140 Gramm gereinigte, gespaltene Champignons 12-15 Stück*

¼ Tasse Sahne

3 Tassen Milch

2 Esslöffel Olivenöl und 2 Teelöffel mehr Öl oder flüssige Margarine, dazu 1,5 Esslöffel Mehl

½ Tasse gehackte Zwiebel

¼ bis ½ Tasse knusprig gemahlener Parmesan-Cheddar

Ein paar Prisen schwarzer Pfeffer

Salz nach Geschmack

2 Teelöffel getrockneter oder frischer Thymian *

Ein Bund frischer Chiffon-Basilikumblätter

Richtungen:

1. Kochen Sie die Nudeln noch leicht fest, wie auf der Packung angegeben.

2. Während die Nudeln kochen, sollten wir mit der Zubereitung der Soße beginnen.

3. Erhitzen Sie die 3 Tassen Milch 3 Minuten lang in der Mikrowelle oder auf dem Herd, um einen Eintopf zuzubereiten.

4. Gleichzeitig 2 Esslöffel Öl in einem beschichteten Behälter auf mittlerer Stufe erhitzen und die gespaltenen Pilze kochen. Etwa 2 Minuten backen

Protokoll.

5. Der Pilz gibt von Anfang an etwas Wasser ab, verdunstet dann im Laufe der Zeit und erholt sich separat.

6. Reduzieren Sie die Hitze auf mittlere Stufe. Die Zwiebeln hinzufügen und 1 Minute braten.

7. Fügen Sie 2 Teelöffel weichen Aufstrich hinzu und streuen Sie etwas Mehl darüber.

8. 20 Sekunden lang mischen.

9. Rühren Sie die heiße Milch ständig um, bis eine glatte Sauce entsteht.

10. Wenn die Sauce eindickt, d. h. zu einem Eintopf wird, schalten Sie den Herd aus.

11. Fügen Sie nun ¼ Tasse gemahlenen Parmesan-Cheddar hinzu. Alles glatt rühren. 30 Sekunden lang.

12. Salz, Pfeffer und Thymian hinzufügen.

13. Probieren Sie es aus. Ändern Sie bei Bedarf das Aroma.

14. In der Zwischenzeit sollten die Nudeln Blasen bilden und noch einigermaßen fest sein.

15. Das heiße Wasser durch ein Sieb abseihen. Lassen Sie den Wasserhahn laufen und gießen Sie kaltes Wasser ein, um das Kochen zu stoppen. Lassen Sie das gesamte Wasser ab und vermischen Sie es mit der Soße.

16. Wenn Sie nicht schnell essen, mischen Sie die Nudeln nicht mit der Soße. Bewahren Sie die Nudeln getrennt auf, bedecken Sie sie mit Öl und sichern Sie sie.

17. Warm mit weiteren Streuseln Parmesan-Cheddar servieren.

Anerkennen!

Brauner Reis und Shitake-Miso-Suppe mit Zwiebeln

Portionen: 4

Kochzeit: 45 Minuten

Zutaten:

2 Esslöffel Sesamöl

1 Tasse dünn geschnittene Shiitake-Pilzkappen

1 Knoblauchzehe, fein gehackt

1 (1½ Zoll) Stück frischer Ingwer, geschält und in Scheiben geschnitten, 1 Tasse mittelkörniger brauner Reis

½ TL Salz

1 Esslöffel weißes Miso

2 Frühlingszwiebeln, in dünne Scheiben geschnitten

2 Esslöffel fein gehackter frischer Koriander<u>Richtungen:</u>

1. Erhitzen Sie das Öl bei mittlerer bis hoher Hitze in einem großen Topf.

2. Pilze, Knoblauch und Ingwer dazugeben und ca. 3 Minuten anbraten, bis die Pilze weich werden. 5 Minuten.

3. Den Reis hinzufügen und umrühren, bis er gleichmäßig mit Öl bedeckt ist. 2 Tassen Wasser und Salz hinzufügen und zum Kochen bringen.

4. 30 bis 40 Minuten köcheln lassen. Etwas Suppenbrühe verwenden, um das Miso weicher zu machen, dann in den Topf rühren, bis alles gut vermischt ist.

5. Frühlingszwiebeln und Koriander untermischen und servieren.

Ernährungsinformation:Kalorien: 265 Gesamtfett: 8 g Gesamtkohlenhydrate: 43 g Zucker: 2 g Ballaststoffe: 3 g Protein: 5 g Natrium: 456 mg

Gegrillte Meerforelle mit Knoblauch-Petersilien-Dressing

Portionen: 8

Kochzeit: 25 Minuten

Zutaten:

3 ½ Pfund Forellenfilet, vorzugsweise Meerforelle, ohne Knochen, mit Haut

4 Knoblauchzehen, in dünne Scheiben geschnitten

2 Esslöffel Kapern, grob gehackt

½ Tasse glatte Petersilienblätter, frisch

1 rote Chili, vorzugsweise lang; in dünne Scheiben geschnittene 2 Esslöffel Zitronensaft, frisch gepresste ½ Tasse Olivenöl

Zitronenscheiben zum Servieren

Richtungen:

1. Bestreichen Sie die Forelle mit ca. 2 Esslöffel Öl; Stellen Sie sicher, dass alle Seiten schön beschichtet sind. Heizen Sie den Grill bei starker Hitze vor, am besten bei geschlossener Haube. Hitze auf mittlere Stufe reduzieren; Legen Sie die umhüllte Forelle möglichst mit der Hautseite nach oben auf

die Grillplatte. Einige Minuten kochen, bis es teilweise gar und goldbraun ist. Die Forelle vorsichtig wenden; Bei geschlossenem Deckel 12 bis 15 Minuten garen, bis alles gar ist. Übertragen Sie das Filet auf eine große Servierschüssel.

2. Restliches Öl in der Zwischenzeit erhitzen; Knoblauch bei schwacher Hitze in einem kleinen Topf erhitzen, bis er gerade durchgewärmt ist; Knoblauch beginnt seine Farbe zu ändern. Herausnehmen, dann Kapern, Zitronensaft und Chili unterrühren.

Die Forelle mit dem vorbereiteten Dressing beträufeln und anschließend mit den frischen Petersilienblättern bestreuen. Sofort mit frischen Zitronenschnitzen servieren und genießen.

Ernährungsinformation:kcal 170 Fett: 30 g Ballaststoffe: 2 g Protein: 37 g

Zutaten für Curry-Blumenkohl-Kichererbsen-Wraps:

1 frischer Ingwer

2 Knoblauchzehen

1 Dose Kichererbsen

1 rote Zwiebel

8 Gramm Blumenkohlröschen

1 TL Garam Masala

2 EL Pfeilwurzstärke

1 Zitrone

1 Packung Koriander frisch

1/4 Tasse veganer Joghurt

4 Packungen

3 Esslöffel Kokosraspeln

4 Gramm Babyspinat

1 Esslöffel Pflanzenöl

1 Teelöffel Salz und Pfeffer nach Geschmack

Richtungen:

1. Den Ofen auf 205 °C (400 °F) vorheizen. 1 Teelöffel Ingwer abstreifen und fein hacken. Den Knoblauch fein hacken. Die Kichererbsen abtropfen lassen und waschen. Die rote Zwiebel schälen und in dünne Scheiben schneiden. Teilen Sie die Zitrone.

2. Ein Backblech mit 1 Esslöffel Pflanzenöl bedecken. In einer großen Schüssel gehackten Ingwer, Knoblauch, den Saft einer großen Zitrone, Kichererbsen, gehackte rote Zwiebeln, Blumenkohlröschen, Garam Masala, Pfeilwurzstärke und 1/2 Teelöffel Salz vermischen. Auf das Backblech legen und im Grill rösten, bis der Blumenkohl zart und stellenweise angebraten ist, etwa 20 bis 25 Minuten.

3. Die Korianderblätter und die zarten Stiele hacken. In einer kleinen Schüssel Koriander, Joghurt, 1 Esslöffel Zitronensaft und eine Prise Salz und Pfeffer verquirlen.

4. Legen Sie die Wrapper mit Folie aus und stellen Sie sie zum Aufwärmen für ca. 10 Minuten in den Herd. 3 bis 4 Minuten.

5. Stellen Sie eine kleine beschichtete Pfanne auf mittlere Hitze und geben Sie die zerbrochene Kokosnuss hinein. Schütteln Sie das Gericht in regelmäßigen Abständen, bis es zart gegart ist, ca. 2 bis 3 Minuten.

6. Schieben Sie den Babyspinat und das gekochte Gemüse zwischen die warmen Verpackungen. Blumenkohl-Kichererbsen-Wraps auf große Teller legen und mit Koriandersauce beträufeln. Mit gerösteter Kokosnuss bestreuen

Portionen Buchweizennudelsuppe: 4

Kochzeit: 25 Minuten

Zutaten:

2 Tassen Bok Choy, gehackt

3 EL. Tamari

3 Bündel Buchweizennudeln

2 Tassen Edamame-Bohnen

7 Unzen. Shiitake-Pilze, gehackt

4 Tassen Wasser

1 Teelöffel. Geriebener Ingwer

Prise Salz

1 Knoblauchzehe, gerieben

Richtungen:

1. Zuerst Wasser, Ingwer, Sojasauce und Knoblauch bei mittlerer Hitze in einen mittelgroßen Topf geben.

2. Die Ingwer-Sojasauce-Mischung zum Kochen bringen und dann Edamame und Shiitake unterrühren.

3. Weitere 7 Minuten weiterkochen oder bis es weich ist.

4. Dann kochen Sie die Soba-Nudeln gemäß den Anweisungen in der Packung, bis sie gar sind. Gut waschen und abtropfen lassen.

5. Geben Sie nun den Pak Choi zur Shiitake-Mischung und kochen Sie ihn eine weitere Minute lang oder bis der Pak Choi zusammengefallen ist.

6. Zum Schluss die Soba-Nudeln auf die Servierschüsseln verteilen und mit der Pilzmischung belegen.

Ernährungsinformation:Kalorien: 234 kcal, Proteine: 14,2 g, Kohlenhydrate: 35,1 g, Fett: 4 g

Einfache Lachssalatportionen: 1

Zubereitungszeit: 0 Minuten

Zutaten:

1 Tasse Bio-Rucola

1 Dose wild gefangener Lachs

½ Avocado, in Scheiben geschnitten

1 Esslöffel Olivenöl

1 Teelöffel Dijon-Senf

1 TL Meersalz

Richtungen:

1. Beginnen Sie damit, Olivenöl, Dijon-Senf und Meersalz in einer Rührschüssel zu verrühren, um das Dressing herzustellen. Zur Seite legen.

2. Den Salat mit Rucola als Basis zusammenstellen und mit geschnittenem Lachs und Avocado belegen.

3. Mit dem Dressing beträufeln.

Ernährungsinformation:Gesamtkohlenhydrate: 7 g, Ballaststoffe: 5 g, Protein: 48 g, Gesamtfett: 37 g, Kalorien: 553

Portionen Gemüsesuppe: 4

Kochzeit: 40 Minuten

Zutaten:

1 Esslöffel. Kokosnussöl

2 Tassen Grünkohl, gehackt

2 Selleriestangen, gewürfelt

½ von 15 oz. Dose weiße Bohnen, abgetropft und abgespült 1 Zwiebel, groß und gewürfelt

¼ TL. Schwarzer Pfeffer

1 Karotte, mittelgroß und gewürfelt

2 Tassen Blumenkohl, in Röschen geschnitten

1 Teelöffel. Kurkuma, gemahlen

1 Teelöffel. Meersalz

3 Knoblauchzehen, fein gehackt

6 Tassen Gemüsebrühe

Richtungen:

1. Erhitzen Sie zunächst Öl in einem großen Topf bei mittlerer bis niedriger Hitze.

2. Rühren Sie die Zwiebel in den Topf und braten Sie sie 5 Minuten lang oder bis sie weich ist.

3. Die Karotte und den Sellerie in den Topf geben und weitere 4 Minuten kochen lassen oder bis das Gemüse weich ist.

4. Nun Kurkuma, Knoblauch und Ingwer zu der Mischung hinzufügen. Gut umrühren.

5. Kochen Sie die Gemüsemischung 1 Minute lang oder bis sie duftet.

6. Anschließend die Gemüsebrühe zusammen mit Salz und Pfeffer aufgießen und die Mischung zum Kochen bringen.

7. Wenn es zu kochen beginnt, den Blumenkohl hinzufügen. Reduzieren Sie die Hitze und lassen Sie die Gemüsemischung 13 bis 15 Minuten köcheln, bis der Blumenkohl weich ist.

8. Zum Schluss die Bohnen und den Grünkohl hinzufügen – 2 Minuten braten.

9. Warm servieren.

Ernährungsinformation:Kalorien: 192 kcal, Proteine: 12,6 g, Kohlenhydrate: 24,6 g, Fett: 6,4 g

Zitronen-Knoblauch-Garnelenportionen: 4

Kochzeit: 15 Minuten

Zutaten:

1 ¼ Pfund Garnelen, gekocht oder gedünstet

3 Esslöffel Knoblauch, fein gehackt

¼ Tasse Zitronensaft

2 EL Olivenöl

¼ Tasse Petersilie

Richtungen:

1. Nehmen Sie eine kleine Bratpfanne und stellen Sie sie auf mittlere Hitze, geben Sie den Knoblauch und das Öl hinzu und kochen Sie es 1 Minute lang.

2. Petersilie und Zitronensaft hinzufügen und entsprechend mit Salz und Pfeffer würzen.

3. Geben Sie die Garnelen in eine große Schüssel und gießen Sie die Mischung aus dem Topf über die Garnelen.

4. Abkühlen lassen und servieren.

Ernährungsinformation: Kalorien: 130 Fett: 3 g Kohlenhydrate: 2 g Protein: 22 g

Zutaten für Blt-Frühlingsrollen:

frischer Salat, zerrissene Stücke oder geschnitten

Avocado-Schnitt, optional

SESAM-SOJA-DIP-SAUCE

1/4 Tasse Sojasauce

1/4 Tasse kaltes Wasser

1 Esslöffel Mayonnaise (nach Belieben, dadurch wird der Dip samtig weich)

1 Teelöffel frischer Limettensaft

1 TL Sesamöl

1 Teelöffel Sriracha-Sauce oder eine beliebige scharfe Sauce (optional) Richtungen:

1. mittelgroße Tomate (entkernt und 0,6 cm dick geschnitten) 2. Speckstücke, gekocht

3. Frisches Basilikum, Minze oder verschiedene Kräuter

4. Reispapier

Brust mit Blauschimmelkäse Portionen: 6

Zubereitungszeit: 8 Stunden. 10 Minuten

Zutaten:

1 Tasse Wasser

1/2 EL Knoblauchpaste

1/4 Tasse Sojasauce

1 ½ Pfund. Corned-Beef-Bruststück

1/3 TL gemahlener Koriander

1/4 Teelöffel Nelken, gemahlen

1 Esslöffel Olivenöl

1 Schalotte, gehackt

2 Unzen. Blauschimmelkäse, zerbröselt

Kochspray

Richtungen:

1. Stellen Sie eine Pfanne auf mäßige Hitze und geben Sie Öl zum Erhitzen hinzu.

2. Schalotten hinzufügen, umrühren und 5 Minuten kochen lassen.

3. Die Knoblauchpaste einrühren und 1 Minute kochen lassen.

4. Übertragen Sie es in den Slow Cooker und fetten Sie es mit Kochspray ein.

5. Legen Sie die Brust in die gleiche Pfanne und braten Sie sie auf beiden Seiten goldbraun.

6. Geben Sie das Steak zusammen mit den anderen Zutaten außer Käse in den Slow Cooker.

7. Deckel auflegen und 8 Stunden garen. bei schwacher Hitze.

8. Mit Käse garnieren und servieren.

Ernährungsinformation:Kalorien 397, Protein 23,5 g, Fett 31,4 g, Kohlenhydrate 3,9 g, Ballaststoffe 0 g

Zutaten für kaltes Soba mit Miso-Dressing:

6 Unzen Buchweizen-Soba-Nudeln

1/2 Tasse geraspelte Karotten

1 Tasse gefrorenes, geschältes Edamame, aufgetaut 2 persische Gurken, gehackt

1 Tasse gehackter Koriander

1/4 Tasse Sesamkörner

2 EL dunkle Sesamkörner

Weißes Miso-Dressing (ergibt 2 Tassen)

2/3 Tasse weiße Misopaste

Saft von 2 mittelgroßen Zitronen

4 Esslöffel Reisessig

4 EL natives Olivenöl extra

4 Esslöffel ausgepresste Orange

2 EL frisch gemahlener Ingwer

2 EL Ahornsirup

Richtungen:

1. Kochen Sie die Soba-Nudeln gemäß den Anweisungen in der Packung (achten Sie darauf, dass sie nicht zu lange kochen, sonst werden sie klebrig und kleben zusammen). Gut abtropfen lassen und in eine große Schüssel geben. 2. Geraspelte Karotten, Edamame, Gurke, Koriander und Sesamsamen hinzufügen

3. Um das Dressing vorzubereiten, pürieren Sie jede einzelne Portion in einem Mixer. Alles glatt rühren

4. Gießen Sie die gewünschte Menge Dressing über die Nudeln (wir haben etwa anderthalb Tassen verwendet).

Gebackene Büffelblumenkohlstücke: 2

Kochzeit: 35 Minuten

Zutaten:

¼ Tasse Wasser

¼ Tasse Bananenmehl

Eine Prise Salz und Pfeffer

1 mittelgroßer Blumenkohl, in mundgerechte Stücke geschnitten, ½ Tasse scharfe Soße

2 Esslöffel Butter, geschmolzen

Blauschimmelkäse oder Ranch Dressing (optional)

Richtungen:

1. Den Ofen auf 200 °C (425 °F) vorheizen. In der Zwischenzeit ein Backblech mit Folie auslegen.

2. Wasser, Mehl und eine Prise Salz und Pfeffer in einer großen Rührschüssel vermischen.

3. Gut vermischen, bis alles gut vermischt ist.

4. Den Blumenkohl hinzufügen; gründlich umrühren.

5. Gießen Sie die Mischung in die Bratpfanne. 15 Minuten backen, dabei einmal wenden.

6. Während des Bratens die scharfe Soße und die Butter in einer kleinen Schüssel vermischen.

7. Die Soße über den gebackenen Blumenkohl gießen.

8. Den gebackenen Blumenkohl wieder in den Ofen geben und 20 Minuten weitergaren

Protokoll.

9. Sofort servieren, bei Bedarf mit einem Ranch-Dressing als Beilage.

Ernährungsinformation:Kalorien: 168 Kalorien, Fett: 5,6 g, Protein: 8,4 g, Kohlenhydrate: 23,8 g, Ballaststoffe: 2,8 g

Hähnchen gebackener Knoblauch mit Basilikum und Tomaten: 4

Kochzeit: 30 Minuten

Zutaten:

½ mittelgelbe Zwiebel

2 EL Olivenöl

3 gehackte Knoblauchzehen

1 Tasse Basilikum (locker gehackt)

1 Pfund Hähnchenbrust ohne Knochen

14,5 Unzen italienische Tomatenwürfel

Salz Pfeffer

4 mittelgroße Zucchini (spiralförmig zu Nudeln geformt) 1 Esslöffel zerstoßener roter Pfeffer

2 EL Olivenöl

Richtungen:

1. Die Hähnchenteile zum schnellen Braten mit einer Pfanne zerstoßen. Die Hähnchenteile mit Salz, Pfeffer und Öl bestreuen und beide Seiten des Hähnchens gleichmäßig marinieren.

2. Hähnchenstücke in einer großen heißen Pfanne auf jeder Seite 2-3 Minuten braten.

3. Zwiebeln in derselben Pfanne anbraten, bis sie braun sind. Tomaten, Basilikumblätter und Knoblauch dazugeben.

4. 3 Minuten köcheln lassen und alle Gewürze und das Huhn in den Topf geben.

5. Servieren Sie es zusammen mit den pikanten Zoodles auf dem Teller.

Ernährungsinformation:Kalorien 44 Kohlenhydrate: 7 g Fett: 0 g Protein: 2 g

Cremige Kurkuma-Blumenkohlsuppe: 4

Kochzeit: 15 Minuten

Zutaten:

2 EL natives Olivenöl extra

1 Lauch, nur der weiße Teil, in dünne Scheiben geschnitten

3 Tassen Blumenkohlröschen

1 Knoblauchzehe, geschält

1 (1¼ Zoll) Stück frischer Ingwer, geschält und in Scheiben geschnitten, 1½ Teelöffel Kurkuma

½ TL Salz

¼ TL frisch gemahlener schwarzer Pfeffer

¼ TL gemahlener Kreuzkümmel

3 Tassen Gemüsebrühe

1 Tasse Vollfett: Kokosmilch

¼ Tasse fein gehackter frischer Koriander

Richtungen:

1. Erhitzen Sie das Öl bei starker Hitze in einem großen Topf.

2. Den Lauch 3 bis 4 Minuten anbraten.

3. Blumenkohl, Knoblauch, Ingwer, Kurkuma, Salz, Pfeffer und Kreuzkümmel hinzufügen und 1 bis 2 Minuten braten.

4. Die Brühe hinzufügen und zum Kochen bringen.

5. 5 Minuten köcheln lassen.

6. Die Suppe mit einem Stabmixer pürieren, bis eine glatte Masse entsteht.

7. Kokosmilch und Koriander einrühren, erhitzen und servieren.

Ernährungsinformation:Kalorien: 264 Gesamtfett: 23 g Gesamtkohlenhydrate: 12 g Zucker: 5 g Ballaststoffe: 4 g Protein: 7 g Natrium: 900 mg

Pilze, Grünkohl und brauner Süßkartoffelreis

Portionen: 4

Kochzeit: 50 Minuten

Zutaten:

¼ Tasse natives Olivenöl extra

4 Tassen grob gehackte Grünkohlblätter

2 Lauchstangen, nur die weißen Teile, in dünne Scheiben geschnitten

1 Tasse geschnittene Pilze

2 Knoblauchzehen, fein gehackt

2 Tassen geschälte Süßkartoffeln, in ½-Zoll-Würfel geschnitten, 1 Tasse brauner Reis

2 Tassen Gemüsebrühe

1 Teelöffel Salz

¼ TL frisch gemahlener schwarzer Pfeffer

¼ Tasse frisch gepresster Zitronensaft

2 Esslöffel fein gehackte frische glatte Petersilie<u>Richtungen:</u>

1. Erhitzen Sie das Öl bei starker Hitze.

2. Grünkohl, Lauch, Pilze und Knoblauch dazugeben und ca. 3 Minuten anbraten, bis sie weich sind. 5 Minuten.

3. Süßkartoffeln und Reis hinzufügen und etwa 3 Minuten braten.

4. Brühe, Salz und Pfeffer hinzufügen und zum Kochen bringen. 30 bis 40 Minuten köcheln lassen

Protokoll.

5. Zitronensaft und Petersilie untermischen und servieren.

Ernährungsinformation:Kalorien 425 Fett: 15 g Gesamtkohlenhydrate: 65 g Zucker: 6 g Ballaststoffe: 6 g Protein: 11 g Natrium: 1045 mg

Rezept für gebackenen Tilapia mit Pekannuss-Rosmarin-Topping

Portionen: 4

Kochzeit: 20 Minuten

Zutaten:

4 Tilapiafilets (je 4 Unzen)

½ Teelöffel brauner Zucker oder Kokospalmenzucker 2 Teelöffel frischer Rosmarin, gehackt

1/3 Tasse rohe Pekannüsse, gehackt

Eine Prise Cayennepfeffer

1 ½ TL Olivenöl

1 großes Eiweiß

1/8 Teelöffel Salz

1/3 Tasse Panko-Semmelbrösel, vorzugsweise Vollkorn<u>Richtungen:</u>

1. Ofen auf 350 F vorheizen.

2. Pekannüsse mit Semmelbröseln, Kokospalmenzucker, Rosmarin, Cayennepfeffer und Salz in einer kleinen ofenfesten Form verrühren. Olivenöl hinzufügen; werfen.

3. Innerhalb von 7 bis 8 Minuten backen, bis die Masse leicht goldbraun wird.

4. Stellen Sie die Hitze auf 400 F ein und bestreichen Sie eine große Glasbackform mit etwas Kochspray.

5. Das Eiweiß in der flachen Schüssel schlagen. In Gruppen arbeiten; Tauchen Sie den Fisch (einen Tilapia nach dem anderen) in das Eiweiß und bestreichen Sie ihn dann leicht mit der Pekannussmischung. Die panierten Filets in die Auflaufform legen.

6. Den Rest der Pekannussmischung über die Tilapiafilets drücken.

7. Innerhalb von 8 bis 10 Minuten backen. Sofort servieren und genießen.

Ernährungsinformation:kcal 222 Fett: 10 g Ballaststoffe: 2 g Protein: 27 g

Portionen Tortilla-Wrap mit schwarzen Bohnen: 2

Zubereitungszeit: 0 Minuten

Zutaten:

¼ Tasse Mais

1 Handvoll frisches Basilikum

½ Tasse Rucola

1 Esslöffel Nährhefe

¼ Tasse schwarze Bohnen aus der Dose

1 Pfirsich, in Scheiben geschnitten

1 TL Limettensaft

2 glutenfreie Tortillas

Richtungen:

1. Bohnen, Mais, Rucola und Pfirsich auf die beiden Tortillas verteilen.

2. Jede Tortilla mit der Hälfte frischem Basilikum und Limettensaft belegen Ernährungsinformation: Gesamtkohlenhydrate: 44 g, Ballaststoffe: 7 g, Protein: 8 g, Gesamtfett: 1 g, Kalorien: 203

Weißes Bohnenhuhn mit wintergrünem Gemüse

Portionen: 8

Kochzeit: 45 Minuten

Zutaten:

4 Knoblauchzehen

1 Esslöffel Olivenöl

3 mittelgroße Pastinaken

1 kg kleine Hähnchenwürfel

1 TL Kreuzkümmelpulver

2 Lecks und 1 Grünteil

2 Karotten (gewürfelt)

1 ¼ weiße Kidneybohnen (über Nacht eingeweicht)

½ Teelöffel getrockneter Oregano

2 Teelöffel koscheres Salz

Koriander Blätter

1 1/2 EL gemahlenes Ancho-Chili

Richtungen:

1. Knoblauch, Lauch, Hühnchen und Olivenöl in einem großen Topf bei mittlerer Hitze 5 Minuten anbraten.

2. Fügen Sie nun die Karotten und Pastinaken hinzu und fügen Sie nach 2 Minuten Rühren alle Gewürzzutaten hinzu.

3. Rühren, bis der Duft austritt.

4. Geben Sie nun Bohnen und 5 Tassen Wasser in den Topf.

5. Zum Kochen bringen und die Flamme reduzieren.

6. Knapp 30 Minuten köcheln lassen und mit Petersilie und Korianderblättern garnieren.

Ernährungsinformation:Kalorien 263 Kohlenhydrate: 24 g Fett: 7 g Protein: 26 g

In Kräutern gebackene Lachsportionen: 2

Kochzeit: 15 Minuten

Zutaten:

10 Unzen. Lachsfilet

1 Teelöffel. Olivenöl

1 Teelöffel. Honig

1 Teelöffel. Estragon, frisch

1/8 TL. Salz

2 TL. dijon Senf

¼ TL. Thymian, getrocknet

¼ TL. Oregano, getrocknet

Richtungen:

1. Den Ofen auf 200 °C vorheizen.

2. Als nächstes vermischen Sie alle Zutaten außer dem Lachs in einer mittelgroßen Schüssel.

3. Diese Mischung nun gleichmäßig über den Lachs gießen.

4. Anschließend den Lachs mit der Hautseite nach unten auf ein mit Backpapier ausgelegtes Backblech legen.

5. Zum Schluss 8 Minuten kochen lassen oder bis der Fisch in Flocken zerfällt.

Ernährungsinformation:Kalorien: 239 Kcal Proteine: 31 g Kohlenhydrate: 3 g Fett: 11 g

Hühnersalat mit griechischem Joghurt

Zutaten:

Gehacktem Hühnerfleisch

Grüner Apfel

rote Zwiebel

Sellerie

Getrocknete Cranberries

Richtungen:

1. Griechisches Joghurt-Hähnchen mit gemischtem Gemüse ist eine außergewöhnliche Idee für die Zubereitung eines Abendessens. Sie können es zu einem Handwerker legen und einfach essen, oder Sie können es in einem super vorbereiteten Raum mit mehr Gemüse, Chips usw. verpacken. Hier einige Servierempfehlungen.

2. Auf etwas Toast

3. In einer Tortilla mit Salat

4. Mit Chips oder Salzanteil

5. In etwas Eis-Burger-Salat (Low-Carb-Wahl!)

Gemahlener Kichererbsensalat

Zutaten:

1 Avocado

1/2 knackige Zitrone

1 Dose Kichererbsen aufgebraucht (19 oz)

1/4 Tasse gehackte rote Zwiebel

2 Tassen gewürfelte Traubentomaten

2 Tassen gewürfelte Gurke

1/2 Tasse gehackte Petersilie

3/4 Tasse gewürfelter grüner Chilischoten

Verkleidung

1/4 Tasse Olivenöl

2 Esslöffel Rotweinessig

1/2 TL Kreuzkümmel

Salz und Pfeffer

Richtungen:

1. Die Avocado in dreidimensionale Quadrate schneiden und in die Schüssel geben. Drücken Sie den Saft einer halben Zitrone über die Avocado und mischen Sie ihn vorsichtig, um ihn zu festigen.

2. Die restliche Portion gemischtes Gemüse dazugeben und vorsichtig vermengen.

3. Vor dem Servieren mindestens eine Stunde abkühlen lassen.

Portionen Valencia-Salat: 10

Zubereitungszeit: 0 Minuten

Zutaten:

1 Teelöffel. Kalamata-Oliven in Öl, entkernt, leicht abgetropft, halbiert, julienned

1 Kopf, kleiner Römersalat, abgespült, zentrifugiert, in mundgerechte Stücke geschnitten

½ Stück, kleine Schalotte, fein gehackt

1 Teelöffel. dijon Senf

½ kleine Satsuma oder Mandarine, nur Fruchtfleisch

1 Teelöffel. Weißweinessig

1 Teelöffel. Natives Olivenöl extra

1 Prise frischer Thymian, fein gehackt

Eine Prise Meersalz

Etwas schwarzer Pfeffer nach Geschmack

Richtungen:

1. Essig, Öl, frischen Thymian, Salz, Senf, schwarzen Pfeffer und Honig (falls verwendet) vermischen. Gut verrühren, bis das Dressing etwas emulgiert.

2. Die restlichen Salatzutaten in einer Salatschüssel vermischen.

3. Zum Servieren das Dressing darüber träufeln. Sofort mit 1 Scheibe zuckerfreiem Sauerteigbrot oder Salz servieren.

Ernährungsinformation:Kalorien 238 Kohlenhydrate: 23 g Fett: 15 g Protein: 8 g

„Iss dein Gemüse" Suppenportionen: 4

Kochzeit: 20 Minuten

Zutaten:

¼ Tasse natives Olivenöl extra

2 Lauchstangen, nur die weißen Teile, in dünne Scheiben geschnitten

1 Fenchelzwiebel, geputzt und in dünne Scheiben geschnitten

1 Knoblauchzehe, geschält

1 Bund Mangold, grob gehackt

4 Tassen grob gehackter Grünkohl

4 Tassen grob gehacktes Senfgrün

3 Tassen Gemüsebrühe

2 Esslöffel Apfelessig

1 Teelöffel Salz

¼ TL frisch gemahlener schwarzer Pfeffer

¼ Tasse gehackte Cashewnüsse (optional)

Richtungen:

1. Erhitzen Sie das Öl bei starker Hitze in einem großen Topf.

2. Lauch, Fenchel und Knoblauch dazugeben und ca. 5 Minuten weich anbraten. 5 Minuten.

3. Mangold, Grünkohl und Senf hinzufügen und 2 bis 3 Minuten anbraten, bis das Gemüse zusammenfällt.

4. Die Brühe hinzufügen und zum Kochen bringen.

5. 5 Minuten köcheln lassen.

6. Essig, Salz, Pfeffer und Cashewnüsse (falls verwendet) einrühren.

7. Die Suppe mit einem Stabmixer glatt pürieren und servieren.

Ernährungsinformation:Kalorien: 238 Gesamtfett: 14 g Gesamtkohlenhydrate: 22 g Zucker: 4 g Ballaststoffe: 6 g Protein: 9 g Natrium: 1294 mg

Portionen Miso-Lachs und grüne Bohnen: 4

Kochzeit: 25 Minuten

Zutaten:

1 Esslöffel Sesamöl

1 Pfund grüne Bohnen, geputzt

1 Pfund Lachsfilets mit Haut, in 4 Steaks geschnitten ¼ Tasse weißes Miso

2 Teelöffel glutenfreie Tamari- oder Sojasauce 2 Schalotten, in dünne Scheiben geschnitten

Richtungen:

1. Ofen auf 400 °F vorheizen. Fetten Sie das Backblech mit Öl ein.

2. Legen Sie die grünen Bohnen und dann den Lachs auf die grünen Bohnen und bestreichen Sie jedes Stück mit dem Miso.

3. Innerhalb von 20 bis 25 Minuten backen.

4. Tamari darüber träufeln, Schnittlauch darüber streuen und servieren.

Ernährungsinformation:Kalorien: 213 Gesamtfett: 7 g Gesamtkohlenhydrate: 13 g Zucker: 3 g Ballaststoffe: 5 g Protein: 27 g Natrium: 989 mg

Portionen Lauch-, Hühner- und Spinatsuppe: 4

Kochzeit: 15 Minuten

Zutaten:

3 Esslöffel ungesalzene Butter

2 Lauchstangen, nur die weißen Teile, in dünne Scheiben geschnitten

4 Tassen Babyspinat

4 Tassen Hühnerbrühe

1 Teelöffel Salz

¼ TL frisch gemahlener schwarzer Pfeffer

2 Tassen zerkleinertes Brathähnchen

1 Esslöffel dünn geschnittener frischer Schnittlauch

2 Teelöffel geriebene oder fein gehackte Zitronenschale

Richtungen:

1. Die Butter bei starker Hitze in einem großen Topf schmelzen.

2. Den Lauch hinzufügen und anbraten, bis er weich ist und anfängt zu bräunen, 3

bis 5 Minuten.

3. Spinat, Brühe, Salz und Pfeffer hinzufügen und zum Kochen bringen.

4. Innerhalb von 1 bis 2 Minuten zum Kochen bringen.

5. Das Hähnchen dazugeben und innerhalb von 1 bis 2 Minuten garen.

6. Schnittlauch und Zitronenschale darüberstreuen und servieren.

Ernährungsinformation:Kalorien: 256 Gesamtfett: 12 g Gesamtkohlenhydrate: 9 g Zucker: 3 g Ballaststoffe: 2 g Protein: 27 g Natrium: 1483 mg

Portionen dunkle Schokoladenbomben: 24

Kochzeit: 5 Minuten

Zutaten:

1 Tasse Sahne

1 Tasse weicher Frischkäse

1 Teelöffel Vanilleessenz

1/2 Tasse dunkle Schokolade

2 Unzen. Stevia

Richtungen:

1. Die Schokolade in einer Schüssel schmelzen und in der Mikrowelle erhitzen.

2. Die restlichen Zutaten in einem Mixer schaumig schlagen und dann die geschmolzene Schokolade unterrühren.

3. Gut vermischen und dann die Mischung in ein mit Muffinförmchen ausgelegtes Muffinblech verteilen.

4. 3 Stunden kalt stellen.

5. Servieren.

Ernährungsinformation:Kalorien 97 Fett 5 g, Kohlenhydrate 1 g, Protein 1 g, Ballaststoffe 0 g

Portionen italienischer gefüllter Paprika: 6

Kochzeit: 40 Minuten

Zutaten:

1 Teelöffel Knoblauchpulver

1/2 Tasse Mozzarella, gerieben

1 Pfund. mageres Hackfleisch

1/2 Tasse Parmesankäse

3 Paprika, der Länge nach halbiert, Stiele, Kerne und Rippen entfernt

1 (10 Unzen) Packung gefrorener Spinat

2 Tassen Marinara-Sauce

1/2 TL Salz

1 TL italienisches Gewürz

Richtungen:

1. Bedecken Sie ein mit Folie ausgelegtes Backblech mit Antihaftspray. Die Paprika auf die Bratpfanne legen.

2. Den Truthahn in eine ofenfeste Pfanne geben und bei mittlerer Hitze garen, bis er nicht mehr rosa ist.

3. Wenn es fast fertig ist, 2 Tassen Marinara-Sauce und Gewürze hinzufügen – ca. 10 Minuten kochen lassen. 8-10 Minuten.

4. Spinat zusammen mit 1/2 Tasse Parmesan hinzufügen. Rühren, bis alles gut vermischt ist.

5. Geben Sie zu jeder Paprika eine halbe Tasse der Fleischmischung und verteilen Sie den Käse auf alle – Heizen Sie den Ofen auf 200 °C vor.

6. Die Paprika etwa 25–30 Minuten rösten. Abkühlen lassen und servieren.

Ernährungsinformation:150 Kalorien, 2 g Fett, 11 g Gesamtkohlenhydrate, 20 g Protein

Geräucherte Forelle im Salatmantel Portionen: 4

Kochzeit: 45 Minuten

Zutaten:

¼ Tasse Salzbratkartoffeln

1 Tasse Traubentomaten

½ Tasse Basilikumblätter

16 kleine und mittelgroße Salatblätter

1/3 Tasse asiatische süße Chilis

2 Karotten

1/3 Tasse Schalotten (in dünne Scheiben geschnitten)

¼ Tasse dünn geschnittene Jalapenos

1 Esslöffel Zucker

2–4,5 Unzen hautlose geräucherte Forelle

2 Esslöffel frischer Limettensaft

1 Gurke

Richtungen:

1. Karotten und Gurke in dünne Streifen schneiden.

2. Marinieren Sie dieses Gemüse 20 Minuten lang mit Zucker, Fischsauce, Limettensaft, Schalotten und Jalapeno.

3. Forellenstücke und andere Kräuter zu dieser Gemüsemischung hinzufügen und vermischen.

4. Das Wasser aus der Gemüse-Forellen-Mischung abseihen und erneut umrühren, um es zu vermischen.

5. Salatblätter auf einen Teller legen und Forellensalat darauf legen.

6. Garnieren Sie diesen Salat mit Erdnüssen und Chilisauce.

<u>Ernährungsinformation:</u>Kalorien 180 Kohlenhydrate: 0 g Fett: 12 g Protein: 18 g

Zutaten für den Teufels-Eier-Salat:

12 riesige Eier

1/4 Tasse geschnittene Frühlingszwiebel

1/2 Tasse gehackter Sellerie

1/2 Tasse gehackte rote Chilischote

2 Esslöffel Dijon-Senf

1/3 Tasse Mayonnaise

1 EL Saft, Weißwein oder Sherryessig 1/4 TL Tabasco oder andere scharfe Soße (ziemlich nach Geschmack) 1/2 TL Paprika (ziemlich nach Geschmack) 1/2 TL dunkler Pfeffer (ziemlich nach Geschmack) 1/4 Teelöffel Salz (mehr nach Geschmack)

Richtungen:

1. Eier hart erhitzen: Die einfachste Methode, hartgekochte Eier zuzubereiten, die sich alles andere als schwer schälen lassen, besteht darin, sie zu dämpfen.

Füllen Sie einen Topf 2,5 cm mit Wasser und geben Sie einen Dampfgarstab hinein. (Wenn Sie keinen Dampfgarer haben, ist das kein Problem.) 2. Erhitzen Sie das Wasser, bis es kocht, legen Sie die Eier vorsichtig in den Dampfgarer oder direkt in die Pfanne. Teilen Sie den Topf. Stellen Sie die

Uhr auf 15 Minuten ein. Evakuieren Sie die Eier und legen Sie sie zum Abkühlen in kaltes Virenwasser.

3. Eier und Gemüse vorbereiten: Die Eier grob hacken und in eine große Schüssel geben. Frühlingszwiebeln, Sellerie und rote Paprika hinzufügen.

4. Bereiten Sie den Teller mit gemischtem Gemüse zu: In einer kleinen Schüssel Mayonnaise, Senf, Essig und Tabasco vermischen. Das Mayonnaise-Dressing in der Schüssel vorsichtig mit Eiern und Gemüse vermischen. Paprika, Salz und schwarzen Pfeffer hinzufügen. Gewürze nach Geschmack wechseln.

Sesam-Tamari-gebackenes Hähnchen mit grünen Bohnen

Portionen: 4

Kochzeit: 45 Minuten

Zutaten:

1 Pfund grüne Bohnen, geputzt

4 Hähnchenbrustfilets ohne Knochen und Haut

2 Esslöffel Honig

1 Esslöffel Sesamöl

1 Esslöffel glutenfreie Tamari- oder Sojasauce 1 Tasse Hühner- oder Gemüsebrühe

Richtungen:

1. Ofen auf 400 °F vorheizen.

2. Ordnen Sie die grünen Bohnen auf einem großen Backblech an.

3. Legen Sie das Hähnchen mit der Hautseite nach oben auf die Bohnen.

4. Mit Honig, Öl und Tamari beträufeln. Die Brühe hinzufügen.

5. Innerhalb von 35 bis 40 Minuten backen. Herausnehmen, 5 Minuten ruhen lassen und servieren.

Ernährungsinformation:Kalorien: 378 Gesamtfett: 10 g Gesamtkohlenhydrate: 19 g Zucker: 10 g Ballaststoffe: 4 g Protein: 54 g Natrium: 336 mg

Portionen Ingwer-Hühnereintopf: 6

Kochzeit: 20 Minuten

Zutaten:

¼ Tasse Hähnchenschenkelfilets, gewürfelt

¼ Tasse gekochte Eiernudeln

1 unreife Papaya, geschält, gewürfelt

1 Tasse Hühnerbrühe, natriumarm, fettarm

1 Medaillon Ingwer, geschält, zerdrückt

Prise Zwiebelpulver

einen Schuss Knoblauchpulver, bei Bedarf mehr hinzufügen

1 Tasse Wasser

1 Teelöffel. Fischsoße

Prise weißer Pfeffer

1 Stück kleine Bird's-Eye-Chili, gehackt

Richtungen:

1. Geben Sie alle Zutaten in einen großen holländischen Ofen bei starker Hitze. Kochen.

Drehen Sie die Hitze auf die niedrigste Stufe herunter. Deckel auflegen.

2. Lassen Sie den Eintopf 20 Minuten lang kochen oder bis die Papaya gabelweich ist.

Schalten Sie die Heizung aus. Essen Sie es pur oder mit einer halben Tasse gekochtem Reis. Warm servieren.

Ernährungsinformation:Kalorien 273 Kohlenhydrate: 15 g Fett: 9 g Protein: 33 g

Zutaten für den cremigen Garbano-Salat:

Teller mit gemischtem Grün

2 14-Unzen-Gläser Kichererbsen

3/4 Tasse kleine Karottenstreuer

3/4 Tasse kleine Sellerie-Shaker

3/4 Tasse Paprika Kleine Streuer

1 Frühlingszwiebel gehackt

1/4 Tasse rote Zwiebeln in kleinen Streuseln

1/2 große Avocado

6 Unzen glatter Tofu

1 Esslöffel Apfelessig

1 Esslöffel Zitronensaft

1 Esslöffel Dijon-Senf

1 EL süßes Relish

1/4 TL geräuchertes Paprikapulver

1/4 TL Selleriesamen

1/4 Teelöffel schwarzer Pfeffer

1/4 TL Senfpulver

Meersalz nach Geschmack

Sandwich-Fix'ns

Angebautes Vollkornbrot

Roma-Tomaten schneiden

Salat verteilen

Richtungen:

1. Machen Sie sich bereit und schneiden Sie die Karotten, den Sellerie, die Chilischote, die rote Zwiebel und die Zwiebel und geben Sie sie in eine kleine Rührschüssel. An einem sicheren Ort aufbewahren.

2. Avocado, Tofu, Apfelessig, Zitronensaft und Senf mit einem kleinen Mixer oder einer Küchenmaschine glatt rühren.

3. Die Kichererbsen abseihen, waschen und in eine mittelgroße Rührschüssel geben. Zerdrücken Sie die Bohnen mit einem Kartoffelstampfer oder einer Gabel, bis sich die meisten davon trennen und sie nach dem Fischteller mit dem gemischten Gemüse zu schmelzen beginnen. Es muss nicht glatt, sondern fertig und solide sein. Die Bohnen mit einer Prise Salz und Pfeffer würzen.

4. Das gehackte Gemüse, die Avocado-Tofu-Creme und die restlichen Aromen dazugeben und genießen und gut vermischen. Probieren und modifizieren Sie es je nach Lust und Laune.

Karottennudeln mit Ingwer-Limetten-Erdnusssauce

Zutaten:

Für die Karottenpaste:

5 große Karotten, geschält und fein gehackt oder spiralförmig in dünne Streifen geschnitten 1/3 Tasse (50 g) gekochte Cashewnüsse

2 Esslöffel frischer Koriander, fein gehackt

Für die Ingwer-Erdnuss-Sauce:

2 Esslöffel reichhaltige Nussbutter

4 Esslöffel normale Kokosmilch

Cayennepfeffer auspressen

2 große Knoblauchzehen, fein gehackt

1 Esslöffel frischer Ingwer, abgestreift und gemahlen 1 Esslöffel Limettensaft

Salz, nach Geschmack

Richtungen:

1. Geben Sie alle Zutaten für die Soße in eine kleine Schüssel und vermischen Sie sie, bis sie glatt und dick sind. Bewahren Sie die Sauce an einem sicheren Ort auf, während Sie die Karotten in Julienne-/Spiralform schneiden.

2. In einer großen Servierschüssel die Karotten und die Sauce vorsichtig vermischen, bis sie gleichmäßig bedeckt sind. Mit gerösteten Cashewnüssen (oder Erdnüssen) und frisch gehacktem Koriander belegen.

Gebratenes Gemüse mit Süßkartoffeln und weißen Bohnen

Portionen: 4

Kochzeit: 25 Minuten

Zutaten:

2 kleine Süßkartoffeln, gewürfelt

½ rote Zwiebel, in ¼-Zoll-Würfel geschnitten

1 mittelgroße Karotte, geschält und in dünne Scheiben geschnitten

4 Unzen grüne Bohnen, geputzt

¼ Tasse natives Olivenöl extra

1 Teelöffel Salz

¼ TL frisch gemahlener schwarzer Pfeffer

1 (15½ Unzen) Dose weiße Bohnen, abgetropft und abgespült 1 Esslöffel gehackte oder geriebene Zitronenschale

1 Esslöffel gehackter frischer Dill

Richtungen:

1. Ofen auf 400 °F vorheizen.

2. Süßkartoffeln, Zwiebeln, Karotten, grüne Bohnen, Öl, Salz und Pfeffer auf einem großen Backblech vermengen und gut vermischen. In einer einzigen Schicht anordnen.

3. 20 bis 25 Minuten rösten, bis das Gemüse weich ist.

4. Weiße Bohnen, Zitronenschale und Dill dazugeben, gut vermischen und servieren.

Ernährungsinformation:Kalorien 315 Gesamtfett: 13 g Gesamtkohlenhydrate: 42 g Zucker: 5 g Ballaststoffe: 13 g Protein: 10 g Natrium: 632 mg

Portionen Grünkohlsalat: 1

Zubereitungszeit: 0 Minuten

Zutaten:

1 Tasse frischer Grünkohl

½ Tasse Blaubeeren

½ Tasse entkernte Kirschen halbiert

¼ Tasse getrocknete Preiselbeeren

1 Esslöffel Sesamkörner

2 EL Olivenöl

Saft von 1 Zitrone

Richtungen:

1. Olivenöl und Zitronensaft vermischen und den Grünkohl mit dem Dressing vermischen.

2. Die Grünkohlblätter in eine Salatschüssel geben und mit frischen Blaubeeren, Kirschen und Preiselbeeren belegen.

3. Mit den Sesamkörnern belegen.

Ernährungsinformation:Gesamtkohlenhydrate: 48 g, Ballaststoffe: 7 g, Protein: 6 g, Gesamtfett: 33 g, Kalorien: 477

Gekühlte Glasportionen aus Kokosnuss und Haselnuss: 1

Zubereitungszeit: 0 Minuten

Zutaten:

½ Tasse Kokos-Mandelmilch

¼ Tasse Haselnüsse, gehackt

1 und ½ Tassen Wasser

1 Päckchen Stevia

Richtungen:

1. Geben Sie die aufgeführten Zutaten in den Mixer

2. Mixen, bis eine glatte und cremige Konsistenz entsteht. 3. Gekühlt servieren und genießen!

Ernährungsinformation:Kalorien: 457 Fett: 46 g Kohlenhydrate: 12 g Protein: 7 g

Portionen kühle Kichererbsen und Spinatbohnen: 4

Zubereitungszeit: 0 Minuten

Zutaten:

1 Esslöffel Olivenöl

½ Zwiebel, gewürfelt

10 Gramm Spinat, gehackt

12 Gramm Kichererbsen

½ TL Kreuzkümmel

Richtungen:

1. Nehmen Sie eine Pfanne und geben Sie Olivenöl hinzu, lassen Sie es bei mittlerer bis niedriger Hitze erhitzen. 2. Fügen Sie Zwiebeln und Kichererbsen hinzu und kochen Sie es 5 Minuten lang. 3. Rühren Sie Spinat, Kreuzkümmel und Kichererbsen unter und würzen Sie es mit Salz. 4. Zerdrücken Sie es mit einem Löffel sanft

5. Gründlich kochen, bis es heiß ist, genießen!

Ernährungsinformation:Kalorien: 90 Fett: 4 g Kohlenhydrate: 11 g Protein: 4 g

Portionen Taroblätter in Kokossauce: 5

Kochzeit: 20 Minuten

Zutaten:

4 Tassen getrocknete Taroblätter

2 Dosen Kokoscreme, geteilt

¼ Tasse Schweinehackfleisch, 90 % mager

1 Teelöffel. Garnelenpaste

1 Vogelaugen-Chili, fein gehackt

Richtungen:

1. Bis auf 1 Dose Kokoscreme alle Zutaten in einen Schmortopf auf mittlerer Stufe geben. Befestigen Sie den Deckel. Ungestört 3 bis 3½ Stunden kochen lassen.

2. Gießen Sie die restliche Dose Kokoscreme ein, bevor Sie den Herd ausschalten. Umrühren und servieren.

Ernährungsinformation:Kalorien 264 Kohlenhydrate: 8 g Fett: 24 g Protein: 4 g

Gebratener Tofu und Gemüse: 4

Kochzeit: 20 Minuten

Zutaten:

3 Tassen Babyspinat oder Grünkohl

1 Esslöffel Sesamöl

1 Esslöffel Ingwer, fein gehackt

1 Knoblauchzehe, fein gehackt

1 Pfund fester Tofu, in 2,5 cm große Würfel geschnitten

1 EL glutenfreie Tamari- oder Sojasauce ¼ TL rote Paprikaflocken (optional)

1 Teelöffel Reisessig

2 Frühlingszwiebeln, in dünne Scheiben geschnitten

Richtungen:

1. Ofen auf 400 °F vorheizen.

2. Spinat, Öl, Ingwer und Knoblauch auf einem großen Backblech vermischen.

3. 3 bis 5 Minuten kochen, bis der Spinat zusammengefallen ist.

4. Tofu, Tamari und Paprikaflocken (falls verwendet) hinzufügen und gut vermischen.

5. 10 bis 15 Minuten backen, bis der Tofu anfängt zu bräunen.

6. Mit Essig und Zwiebeln belegen und servieren.

Ernährungsinformation:Kalorien: 121 Gesamtfett: 8 g Gesamtkohlenhydrate: 4 g Zucker: 1 g Ballaststoffe: 2 g Protein: 10 g Natrium: 258 mg

Mit Kurkuma gewürzte Süßkartoffel, Apfel und Zwiebel mit Hühnchen

Portionen: 4

Kochzeit: 45 Minuten

Zutaten:

2 Esslöffel ungesalzene Butter, zimmerwarm 2 mittelgroße Süßkartoffeln

1 großer Granny-Smith-Apfel

1 mittelgroße Zwiebel, in dünne Scheiben geschnitten

4 Hähnchenbrustfilets ohne Knochen und Haut

1 Teelöffel Salz

1 TL Kurkuma

1 Teelöffel getrockneter Salbei

¼ TL frisch gemahlener schwarzer Pfeffer

1 Tasse Apfelwein, Weißwein oder HühnerbrüheRichtungen:

1. Ofen auf 400 °F vorheizen. Fetten Sie das Backblech mit der Butter ein.

2. Süßkartoffeln, Apfel und Zwiebel in einer Schicht auf das Backblech legen.

3. Das Hähnchen mit der Hautseite nach oben legen und mit Salz, Kurkuma, Salbei und Pfeffer würzen. Apfelwein hinzufügen.

4. Innerhalb von 35 bis 40 Minuten backen. Herausnehmen, 5 Minuten ruhen lassen und servieren.

Ernährungsinformation:Kalorien 386 Gesamtfett: 12 g Gesamtkohlenhydrate: 26 g Zucker: 10 g Ballaststoffe: 4 g Protein: 44 g Natrium: 932 mg

Portionen gebratenes Kräutersteak mit Lachs: 4

Kochzeit: 5 Minuten

Zutaten:

1 Pfund. Lachssteak, abgespült 1/8 Teelöffel Cayennepfeffer 1 Teelöffel Chilipulver

½ TL Kreuzkümmel

2 Knoblauchzehen, fein gehackt

1 Esslöffel Olivenöl

¾ TL Salz

1 TL frisch gemahlener schwarzer Pfeffer

Richtungen:

1. Ofen auf 350 Grad F vorheizen.

2. Cayennepfeffer, Chilipulver, Kreuzkümmel, Salz und schwarzen Pfeffer in einer Schüssel vermischen. Zur Seite legen.

3. Das Lachssteak mit Olivenöl beträufeln. Auf beiden Seiten reiben. Knoblauch und die vorbereitete Gewürzmischung einreiben. 10 Minuten ruhen lassen.

4. Nachdem sich die Aromen vermischt haben, bereiten Sie eine ofenfeste Pfanne vor.

Das Olivenöl erhitzen. Wenn der Lachs heiß ist, 4 Minuten auf beiden Seiten würzen.

5. Schieben Sie die Pfanne in den Ofen. 10 Minuten backen. Aufschlag.

Ernährungsinformation:Kalorien 210 Kohlenhydrate: 0 g Fett: 14 g Protein: 19 g

Tofu und italienisch gewürztes Sommergemüse: 4

Kochzeit: 20 Minuten

Zutaten:

2 große Zucchini, in ¼-Zoll-Scheiben geschnitten

2 große Sommerkürbisse, in ¼ Zoll dicke Scheiben geschnitten, 1 Pfund fester Tofu, in 1 Zoll große Würfel geschnitten

1 Tasse Gemüsebrühe oder Wasser

3 EL natives Olivenöl extra

2 Knoblauchzehen, in Scheiben geschnitten

1 Teelöffel Salz

1 Teelöffel italienische Kräutergewürzmischung

¼ TL frisch gemahlener schwarzer Pfeffer

1 Esslöffel dünn geschnittenes frisches Basilikum

Richtungen:

1. Ofen auf 400 °F vorheizen.

2. Zucchini, Kürbis, Tofu, Brühe, Öl, Knoblauch, Salz, italienische Kräutergewürzmischung und Pfeffer auf einem großen Backblech vermengen und gut vermischen.

3. Innerhalb von 20 Minuten backen.

4. Mit Basilikum bestreuen und servieren.

Ernährungsinformation:Kalorien: 213 Gesamtfett: 16 g Gesamtkohlenhydrate: 9 g Zucker: 4 g Ballaststoffe: 3 g Protein: 13 g Natrium: 806 mg

Zutaten für Erdbeer-Ziegenkäse-Salat:

1 Pfund knackige Erdbeeren, gewürfelt

Optional: 1 bis 2 Teelöffel Nektar oder Ahornsirup, nach Geschmack 2 Unzen aufgelöster Ziegen-Cheddar (ca. ½ Tasse) ¼ Tasse geteilter, knuspriger Basilikum, plus ein paar kleine Basilikumblätter zum Garnieren

1 Esslöffel natives Olivenöl extra

1 Esslöffel dicker Balsamico-Essig*

½ TL Maldon-Meersalzflocken oder ein ungenügendes ¼

Teelöffel feines Meersalz

Zaubergeschützter dunkler Pfeffer

Richtungen:

1. Die gewürfelten Erdbeeren auf einem mittelgroßen Servierteller oder einer flachen Schüssel verteilen. Falls die Erdbeeren nicht süß genug sind, vermischen Sie sie mit einem Hauch Nektar oder Ahornsirup.

2. Streuen Sie den zerkleinerten Ziegen-Cheddar über die Erdbeeren und anschließend das gehackte Basilikum. Olivenöl und Balsamico-Essig darüber träufeln.

3. Polieren Sie den Teller mit dem gemischten Gemüse mit Salz, ein paar Prisen gemahlenem schwarzem Pfeffer und den aufbewahrten Basilikumblättern. Für einen optimalen Einstieg servieren Sie den Teller mit dem gemischten Gemüse schnell.

Reste halten sich gut im Kühlschrank, aber etwa 3 Tage.

Eintopf mit Kurkuma, Blumenkohl und Kabeljau: 4

Kochzeit: 30 Minuten

Zutaten:

½ Pfund Blumenkohlröschen

1 Kilo Kabeljaufilets, ohne Knochen, ohne Haut und gewürfelt, 1 Esslöffel Olivenöl

1 gelbe Zwiebel, gehackt

½ TL Kreuzkümmelsamen

1 grüne Chili, gehackt

¼ Teelöffel Kurkumapulver

2 Tomaten, gehackt

Eine Prise Salz und schwarzer Pfeffer

½ Tasse Hühnerbrühe

1 Esslöffel Koriander, gehackt

Richtungen:

1. Eine Pfanne mit Öl bei mittlerer Hitze erhitzen, Zwiebel, Chili, Kreuzkümmel und Kurkuma hinzufügen, umrühren und 5 Minuten kochen lassen.

2. Blumenkohl, Fisch und die übrigen Zutaten dazugeben, umrühren, zum Köcheln bringen und bei mittlerer Hitze weitere 25 Minuten garen.

3. Den Eintopf auf Schüsseln verteilen und servieren.

Ernährungsinformation:Kalorien 281, Fett 6, Ballaststoffe 4, Kohlenhydrate 8, Protein 12

Walnüsse und Spargel Delight Portionen: 4

Kochzeit: 5 Minuten

Zutaten:

1 ½ EL Olivenöl

¾ Pfund Spargel, geputzt

¼ Tasse Walnüsse, gehackt

Sonnenblumenkerne und Pfeffer nach Geschmack

Richtungen:

1. Stellen Sie eine Pfanne auf mittlere Hitze, geben Sie Olivenöl hinzu und lassen Sie es erhitzen.

2. Spargel hinzufügen und 5 Minuten anbraten, bis er braun ist.

3. Mit Sonnenblumenkernen und Pfeffer würzen.

4. Vom Herd nehmen.

5. Walnüsse hinzufügen und vermischen.

Ernährungsinformation:Kalorien: 124 Fett: 12 g Kohlenhydrate: 2 g Protein: 3 g

Zutaten für Alfredo-Zucchini-Nudeln:

2 mittelgroße Zucchini, spiralisiert

1-2 TB veganer Parmesan (optional)

Schnelle Alfredo-Sauce

1/2 Tasse rohe Cashewnüsse, einige Stunden lang eingeweicht oder 10 Minuten lang in sprudelndem Wasser

2 EL Zitronensaft

3 TB Nährhefe

2 TL weißes Miso (kann Subtamari, Sojasauce oder Kokosnuss-Aminosäuren sein)

1 Teelöffel Zwiebelpulver

1/2 TL Knoblauchpulver

1/4-1/2 Tasse Wasser

Richtungen:

1. Zucchininudeln spiralisieren.

2. Geben Sie alle Alfredo-Zutaten in einen Hochgeschwindigkeitsmixer (beginnen Sie mit 1/4 Tasse Wasser) und mixen Sie, bis eine glatte Masse

entsteht. Falls Ihre Soße zu dick ist, fügen Sie esslöffelweise mehr Wasser hinzu, bis Sie die gewünschte Konsistenz erreicht haben.

3. Zucchini-Nudeln mit Alfredo-Sauce belegen und wenn Sie einen vegetarischen Kinderwagen wünschen.

Zutaten für Quinoa-Putenhuhn:

1 Tasse Quinoa, abgespült

3 1/2 Tassen Wasser, isoliert

1/2 Pfund mageres Putenhackfleisch

1 große süße Zwiebel, gehackt

1 mittelsüße rote Paprika, gehackt

4 Knoblauchzehen, fein gehackt

1 Esslöffel Bohneneintopfpulver

1 Esslöffel gemahlener Kreuzkümmel

1/2 TL gemahlener Zimt

2 Tassen (je 15 Unzen) dunkle Bohnen, abgespült und abgetropft 1 Dose (28 Gramm) zerdrückte Tomaten

1 mittelgroße Zucchini, geschnitten

1 Chipotle-Pfeffer in Adobo-Sauce, gehackt

1 Esslöffel Adobo-Sauce

1 schmaler werdendes Messer

1 Teelöffel getrockneter Oregano

1/2 TL Salz

1/4 TL Pfeffer

1 Tasse Maisstärke, aufgetaut

1/4 Tasse gehackter knuspriger Koriander

Garnitur nach Belieben: Gewürfelte Avocado, zerbröselter Monterey-Jack-Cheddar

Richtungen:

1. Quinoa und 2 Tassen Wasser in einer großen Pfanne zum Sieden bringen. Hitze reduzieren; Teilen und 12–15 Minuten köcheln lassen, bis das Wasser hält. Vom Herd nehmen; Mit einer Gabel aufhellen und an einem sicheren Ort aufbewahren.

2. Dann den Truthahn, die Zwiebeln, die rote Paprika und den Knoblauch in einem großen, mit Kochspray bedeckten Topf bei mittlerer Hitze kochen, bis das Fleisch nie wieder rosa und das Gemüse zart ist; Kanal. Bohneneintopfpulver, Kreuzkümmel und Zimt untermischen; 2 Minuten länger kochen.

Auf Wunsch mit Dekorationen nach Belieben präsentieren.

3. Fügen Sie die dunklen Bohnen, Tomaten, Zucchini, Chipotle-Pfeffer, Adobo-Sauce, gesundes Blatt, Oregano, Salz, Pfeffer und das restliche Wasser hinzu.

Bis zum Siedepunkt erhitzen. Hitze reduzieren; Butter und Eintopf für 30

Protokoll. Mais und Quinoa untermischen; Wärme durch. Schmale Klinge werfen; Koriander untermischen. Präsentiert mit frei wählbaren Parteien nach Wunsch.

4. Einfriermöglichkeit: Gekühlten Eintopf in einem Kühlraum einfrieren.

Zur Verwendung mittelfristig im Kühlschrank unvollständig auftauen. In einem Topf erhitzen und gelegentlich umrühren; Fügen Sie bei Bedarf Saft oder Wasser hinzu.

Portionen mit Knoblauch und Kürbisnudeln: 4

Kochzeit: 15 Minuten

Zutaten:

Zum Zubereiten von Soße

¼ Tasse Kokosmilch

6 große Datteln

2/3g Kokosnuss

6 Knoblauchzehen

2 EL Ingwerpaste

2 Esslöffel rote Currypaste

Nudeln zubereiten

1 große Kürbisnudeln kochen

½ Julienne geschnittene Karotten

½ Julienne geschnittene Zucchini

1 kleine rote Paprika

¼ Tasse Cashewnüsse

Richtungen:

1. Für die Soße alle Zutaten vermischen und ein dickes Püree herstellen.

2. Spaghettikürbis der Länge nach aufschneiden und Nudeln zubereiten.

3. Das Backblech leicht mit Olivenöl bestreichen und die Zucchini-Nudeln bei 40 °C 5–6 Minuten braten.

4. Zum Servieren Nudeln und Püree in einer Schüssel vermischen. Oder Püree zu den Nudeln servieren.

Ernährungsinformation:Kalorien 405 Kohlenhydrate: 107 g Fett: 28 g Protein: 7 g

Gedämpfte Forelle mit roten Bohnen und Chili-Salsa: 1

Kochzeit: 16 Minuten

Zutaten:

4 ½ oz Kirschtomaten, halbiert

1/4 Avocado, ungeschält

6 oz Meerforellenfilets ohne Haut

Korianderblätter zum Servieren

2 Teelöffel Olivenöl

Limettenschiffchen zum Servieren

4 ½ oz rote Kidneybohnen aus der Dose, abgespült und abgetropft 1/2 rote Zwiebel, in dünne Scheiben geschnitten

1 Esslöffel eingelegte Jalapenos, abgetropft

1/2 Teelöffel gemahlener Kreuzkümmel

4 sizilianische Oliven/grüne Oliven

Richtungen:

1. Stellen Sie einen Dampfgareinsatz über einen Topf mit kochendem Wasser. Legen Sie den Fisch in den Korb und decken Sie ihn ab. Lassen Sie ihn 10–12 Minuten garen.

2. Nehmen Sie den Fisch heraus und lassen Sie ihn einige Minuten ruhen. In der Zwischenzeit etwas Öl in einer Pfanne vorheizen.

3. Eingelegte Jalapenos, rote Kidneybohnen, Oliven, 1/2 Teelöffel Kreuzkümmel und Kirschtomaten hinzufügen. Unter ständigem Rühren etwa 4–5 Minuten kochen lassen.

4. Die Bohnenmischung auf einen Servierteller geben, gefolgt von der Forelle.

Koriander und Zwiebeln darüber geben.

5. Mit Limettenspalten und Avocado servieren. Genießen Sie gedämpfte Meerforelle mit roten Bohnen und Chili-Salsa!

<u>Ernährungsinformation:</u>243 Kalorien, 33,2 g Fett, 18,8 g Gesamtkohlenhydrate, 44 g Protein

Portionen Süßkartoffel- und Putensuppe: 4

Kochzeit: 45 Minuten

Zutaten:

2 EL Olivenöl

1 gelbe Zwiebel, gehackt

1 grüne Paprika, gehackt

2 Süßkartoffeln, geschält und gewürfelt

1 Pfund Putenbrust, ohne Haut, ohne Knochen und gewürfelt 1 Teelöffel Koriander, gemahlen

Eine Prise Salz und schwarzer Pfeffer

1 TL süßes Paprikapulver

6 Tassen Hühnerbrühe

Saft von 1 Limette

Eine Handvoll Petersilie, gehackt

Richtungen:

1. Eine Pfanne mit Öl bei mittlerer Hitze erhitzen, Zwiebel, Paprika und Süßkartoffeln hinzufügen, umrühren und 5 Minuten kochen lassen.

2. Das Fleisch dazugeben und weitere 5 Minuten anbraten.

3. Die restlichen Zutaten hinzufügen, vermischen, zum Köcheln bringen und bei mittlerer Hitze weitere 35 Minuten kochen lassen.

4. Die Suppe in Schüsseln füllen und servieren.

Ernährungsinformation:Kalorien 203, Fett 5, Ballaststoffe 4, Kohlenhydrate 7, Protein 8

Gebratener Miso-Lachs: 2

Kochzeit: 20 Minuten

Zutaten:

2 Esslöffel. Ahornsirup

2 Zitronen

¼ Tasse Miso

¼ TL. Pfeffer, gemahlen

2 Limetten

2 ½ Pfund. Lachs, mit Haut

Schuss Cayennepfeffer

2 Esslöffel. Natives Olivenöl extra

¼ Tasse Miso

Richtungen:

1. Mischen Sie zunächst den Limettensaft und den Zitronensaft in einer kleinen Schüssel, bis alles gut vermischt ist.

2. Anschließend Miso, Cayennepfeffer, Ahornsirup, Olivenöl und Pfeffer hinzufügen. Gut kombinieren.

3. Anschließend den Lachs mit der Hautseite nach unten auf ein mit Backpapier ausgelegtes Backblech legen.

4. Den Lachs großzügig mit der Miso-Zitronen-Mischung bestreichen.

5. Legen Sie nun die halbierten Zitronen- und Limettenstücke mit der Schnittseite nach oben auf die Seiten.

6. Zum Schluss 8 bis 12 Minuten braten oder bis der Fisch in Flocken zerfällt.

Ernährungsinformation:Kalorien: 230 Kcal Proteine: 28,3 g Kohlenhydrate: 6,7 g Fett: 8,7 g

Einfach sautierte Filetfiletportionen: 6

Kochzeit: 8 Minuten

Zutaten:

Tilapia mit 6 Filets

2 EL Olivenöl

1 Zitrone, Saft

Salz und Pfeffer nach Geschmack

¼ Tasse Petersilie oder Koriander, gehackt

Richtungen:

1. Tilapiafilets mit Olivenöl in einer mittelgroßen Pfanne bei mittlerer Hitze anbraten. Mit einer Gabel auf jeder Seite 4 Minuten braten, bis sich der Fisch leicht zerteilen lässt.

2. Mit Salz und Pfeffer abschmecken. Den Zitronensaft über jedes Filet gießen.

3. Zum Servieren die gekochten Filets mit gehackter Petersilie oder Koriander bestreuen.

Ernährungsinformation:Kalorien: 249 Kalorien, Fett: 8,3 g, Protein: 18,6 g, Kohlenhydrate: 25,9

Ballaststoffe: 1 g

Portionen Schweine-Carnitas: 10

Zubereitungszeit: 8 Stunden. 10 Minuten

Zutaten:

5 Pfund. Schweineschulter

2 Knoblauchzehen, fein gehackt

1 TL schwarzer Pfeffer

1/4 Teelöffel Zimt

1 Teelöffel getrockneter Oregano

1 TL gemahlener Kreuzkümmel

1 Lorbeerblatt

2 Unzen Hühnerbrühe

1 TL Limettensaft

1 Esslöffel Chilipulver

1 Esslöffel Salz

Richtungen:

1. Schweinefleisch zusammen mit den restlichen Zutaten in einen Slow Cooker geben.

2. Deckel auflegen und 8 Stunden garen. bei schwacher Hitze.

3. Wenn Sie fertig sind, zerkleinern Sie das gekochte Schweinefleisch mit einer Gabel.

4. Das zerkleinerte Schweinefleisch auf einem Backblech verteilen.

5. 10 Minuten backen und dann servieren.

Ernährungsinformation:Kalorien 547, Fett 39 g, Kohlenhydrate 2,6 g, Ballaststoffe 0 g, Protein 43 g

Weißfischsuppe mit Gemüse

Portionen: 6 bis 8

Zubereitungszeit: 32 bis 35 Minuten

Zutaten:

3 Süßkartoffeln, geschält und in ½-Zoll-Stücke geschnitten 4 Karotten, geschält und in ½-Zoll-Stücke geschnitten 3 Tassen vollfette Kokosmilch

2 Tassen Wasser

1 Teelöffel getrockneter Thymian

½ TL Meersalz

10½ Unzen (298 g) Weißfisch, ohne Haut und fest, wie Kabeljau oder Heilbutt, in Stücke geschnitten

Richtungen:

1. Süßkartoffeln, Karotten, Kokosmilch, Wasser, Thymian und Meersalz bei starker Hitze in einen großen Topf geben und zum Kochen bringen.

2. Reduzieren Sie die Hitze auf eine niedrige Stufe, decken Sie das Ganze ab und lassen Sie es 20 Minuten lang köcheln, bis das Gemüse weich ist. Dabei gelegentlich umrühren.

3. Die Hälfte der Suppe in einen Mixer geben und pürieren, bis alles gut vermischt und glatt ist, und zurück in den Topf geben.

4. Die Fischstücke unterrühren und weitere 12 Minuten garen

bis zu 15 Minuten oder bis der Fisch gar ist.

5. Vom Herd nehmen und in Schüsseln servieren.

Ernährungsinformation:Kalorien: 450 ; Fett: 28,7 g; Eiweiß: 14,2 g; Kohlenhydrate: 38,8 g; Ballaststoffe: 8,1 g; Zucker: 6,7 g; Natrium: 250 mg

Portionen Zitronenmuscheln: 4

Zutaten:

1 Esslöffel. extra natives extra natives Olivenöl 2 gehackte Knoblauchzehen

2 lbs. geschrubbte Muscheln

Saft einer Zitrone

Richtungen:

1. Etwas Wasser in einen Topf geben, Muscheln hinzufügen, bei mittlerer Hitze zum Kochen bringen, 5 Minuten kochen lassen, ungeöffnete Muscheln wegwerfen und in eine Schüssel geben.

2. In einer anderen Schüssel das Öl mit Knoblauch und frisch gepresstem Zitronensaft vermischen, gut verquirlen und über die Muscheln geben, vermischen und servieren.

3. Viel Spaß!

Ernährungsinformation:Kalorien: 140, Fett: 4 g, Kohlenhydrate: 8 g, Protein: 8 g, Zucker: 4 g, Natrium: 600 mg,

Portionen Limetten-Chili-Lachs: 2

Kochzeit: 8 Minuten

Zutaten:

1 Pfund. Lachs

1 Esslöffel Limettensaft

½ TL Pfeffer

½ Teelöffel Chilipulver

4 Scheiben Limette

Richtungen:

1. Lachs mit Limettensaft beträufeln.

2. Pfeffer und Chilipulver auf beiden Seiten bestreuen.

3. Lachs in die Heißluftfritteuse geben.

4. Limettenscheiben auf den Lachs legen.

5. 8 Minuten lang bei 375 Grad F an der Luft braten.

Käse-Thunfisch-Pasta-Portionen: 3-4

Zutaten:

2 c. Rucola

¼ c. gehackte Frühlingszwiebel

1 Esslöffel. roter Essig

5 Unzen. abgetropfter Thunfisch aus der Dose

¼ TL. schwarzer Pfeffer

2 Unzen. gekochte Vollkornnudeln

1 Esslöffel. Olivenöl

1 Esslöffel. geriebener fettarmer Parmesan

Richtungen:

1. Die Nudeln in ungesalzenem Wasser kochen, bis sie fertig sind. Abtropfen lassen und beiseite stellen.

2. Thunfisch, Frühlingszwiebeln, Essig, Öl, Rucola, Nudeln und schwarzen Pfeffer in einer großen Schüssel gründlich vermischen.

3. Gut umrühren und mit Käse belegen.

4. Servieren und genießen.

Ernährungsinformation:Kalorien: 566,3, Fett: 42,4 g, Kohlenhydrate: 18,6 g, Protein: 29,8 g, Zucker: 0,4 g, Natrium: 688,6 mg

Portionen Kokosfischstreifen: 4

Kochzeit: 12 Minuten

Zutaten:

Marinade

1 Esslöffel Sojasauce

1 Teelöffel gemahlener Ingwer

½ Tasse Kokosmilch

2 EL Ahornsirup

½ Tasse Ananassaft

2 Teelöffel scharfe Soße

Fisch

1 Pfund. Fischfilet, in Streifen schneiden

Pfeffer nach Geschmack

1 Tasse Semmelbrösel

1 Tasse Kokosflocken (ungesüßt)

Kochspray

Richtungen:

1. Die Zutaten der Marinade in einer Schüssel vermischen.

2. Fischstreifen unterrühren.

3. Abdecken und 2 Stunden kalt stellen.

4. Heizen Sie die Heißluftfritteuse auf 375 Grad F vor.

5. Pfeffer, Semmelbrösel und Kokosflocken in einer Schüssel vermischen.

6. Fischstreifen in die Semmelbröselmischung tauchen.

7. Besprühen Sie den Airfryer-Korb mit Öl.

8. Fischstreifen in den Heißluftfritteusenkorb legen.

9. 6 Minuten pro Seite an der Luft braten.

Mexikanische Fischportionen: 2

Kochzeit: 10 Minuten

Zutaten:

4 Fischfilets

2 Teelöffel mexikanischer Oregano

4 Teelöffel Kreuzkümmel

4 Teelöffel Chilipulver

Pfeffer nach Geschmack

Kochspray

Richtungen:

1. Heizen Sie die Heißluftfritteuse auf 400 Grad F vor.

2. Besprühen Sie den Fisch mit Öl.

3. Beide Seiten des Fisches mit Gewürzen und Pfeffer würzen.

4. Legen Sie den Fisch in den Heißluftfritteusenkorb.

5. 5 Minuten kochen lassen.

6. Wenden und weitere 5 Minuten garen.

Forelle mit Gurkensalsa Portionen: 4

Kochzeit: 10 Minuten

Zutaten:

Salsa:

1 englische Gurke, gewürfelt

¼ Tasse ungesüßter Kokosjoghurt

2 Esslöffel gehackte frische Minze

1 Kohl, weiße und grüne Teile, gehackt

1 Teelöffel roher Honig

Meersalz

Fisch:

4 (5 Unzen) Forellenfilets, trocken getupft

1 Esslöffel Olivenöl

Meersalz und frisch gemahlener schwarzer Pfeffer nach GeschmackRichtungen:

1. Salsa zubereiten: Joghurt, Gurke, Minze, Frühlingszwiebel, Honig und Meersalz in einer kleinen Schüssel verrühren, bis alles gut vermischt ist. Zur Seite legen.

2. Auf einer sauberen Arbeitsfläche die Forellenfilets leicht mit Meersalz und Pfeffer einreiben.

3. Das Olivenöl in einer großen Bratpfanne bei mittlerer Hitze erhitzen. Die Forellenfilets in die heiße Pfanne geben und ca. 1 Minute anbraten. 10 Minuten garen, dabei den Fisch nach der Hälfte der Zeit wenden oder bis der Fisch nach Ihren Wünschen gar ist.

4. Die Salsa auf dem Fisch verteilen und servieren.

Ernährungsinformation:Kalorien: 328 ; Fett: 16,2 g; Eiweiß: 38,9 g; Kohlenhydrate: 6,1 g

; Ballaststoffe: 1,0 g; Zucker: 3,2g; Natrium: 477 mg

Zitronen-Zoodles mit Garnelen Portionen: 4

Zubereitungszeit: 0 Minuten

Zutaten:

Soße:

½ Tasse verpackte frische Basilikumblätter

Saft von 1 Zitrone (oder 3 Esslöffel)

1 TL gehackter Knoblauch in einer Flasche

Prise Meersalz

Eine Prise frisch gemahlenen schwarzen Pfeffer

¼ Tasse vollfette Kokosmilch aus der Dose

1 großer gelber Kürbis, in Streifen geschnitten oder spiralisiert 1 große Zucchini, in Streifen geschnitten oder spiralisiert

1 Pfund (454 g) Garnelen, entdarmt, gekocht, geschält und abgekühlt, Schale einer Zitrone (optional)

Richtungen:

1. Soße zubereiten: Basilikumblätter, Zitronensaft, Knoblauch, Meersalz und Pfeffer in einer Küchenmaschine fein zerkleinern.

2. Gießen Sie die Kokosmilch langsam ein, während die Küchenmaschine noch läuft. Pulsieren, bis der Puls stabil bleibt.

3. Gießen Sie die Sauce zusammen mit dem gelben Kürbis und der Zucchini in eine große Schüssel. Gut werfen.

4. Garnelen und Zitronenschale (falls gewünscht) über die Nudeln streuen. Sofort servieren.

Ernährungsinformation:Kalorien: 246 ; Fett: 13,1 g; Eiweiß: 28,2 g; Kohlenhydrate: 4,9 g

; Ballaststoffe: 2,0 g; Zucker: 2,8 g; Natrium: 139 mg

Knusprige Garnelenportionen: 4

Kochzeit: 3 Minuten

Zutaten:

1 Pfund. Garnelen, geschält und entdarmt

½ Tasse Fischpaniermischung

Kochspray

Richtungen:

1. Heizen Sie die Heißluftfritteuse auf 390 Grad F vor.

2. Garnelen mit Öl einsprühen.

3. Mit der Paniermischung bedecken.

4. Besprühen Sie den Korb der Heißluftfritteuse mit Öl.

5. Garnelen in den Heißluftfritteusenkorb legen.

6. 3 Minuten kochen lassen.

Gebratene Wolfsbarschportionen: 2

Zutaten:

2 gehackte Knoblauchzehen

Pfeffer.

1 Esslöffel. Zitronensaft

2 weiße Wolfsbarschfilets

¼ TL. Kräutergewürzmischung

Richtungen:

1. Eine Bratpfanne mit etwas Olivenöl einsprühen und die Filets darauf legen.

2. Zitronensaft, Knoblauch und die Gewürze über die Filets streuen.

3. Etwa 10 Minuten braten, bis der Fisch goldbraun ist.

4. Nach Belieben auf einem Bett aus sautiertem Spinat servieren.

Ernährungsinformation:Kalorien: 169, Fett: 9,3 g, Kohlenhydrate: 0,34 g, Protein: 15,3

g, Zucker: 0,2 g, Natrium: 323 mg

Portionen Lachskuchen: 4

Kochzeit: 10 Minuten

Zutaten:

Kochspray

1 Pfund. Lachsfilet, Flocken

¼ Tasse Mandelmehl

2 Teelöffel Old Bay-Gewürz

1 Frühlingszwiebel, gehackt

Richtungen:

1. Heizen Sie die Heißluftfritteuse auf 390 Grad F vor.

2. Besprühen Sie den Airfryer-Korb mit Öl.

3. Die restlichen Zutaten in einer Schüssel vermischen.

4. Aus der Mischung Pastetchen formen.

5. Besprühen Sie beide Seiten der Patties mit Öl.

6. 8 Minuten an der Luft braten.

Gewürzte Kabeljauportionen: 4

Zutaten:

2 Esslöffel. Frisch gehackte Petersilie

2 lbs. Kabeljaufilets

2 c. natriumarme Salsa

1 Esslöffel. geschmackloses Öl

Richtungen:

1. Den Ofen auf 350°F vorheizen.

2. Das Öl auf den Boden einer großen, tiefen ofenfesten Form träufeln.

Die Kabeljaufilets in die Form legen. Die Salsa über den Fisch gießen. 20 Minuten mit Folie abdecken. Entfernen Sie während der letzten 10 Minuten des Garvorgangs die Folie.

3. Im Ofen 20 – 30 Minuten backen, bis der Fisch flockig ist.

4. Mit weißem oder braunem Reis servieren. Mit Petersilie garnieren.

Ernährungsinformation:Kalorien: 110, Fett: 11 g, Kohlenhydrate: 83 g, Protein: 16,5 g, Zucker: 0 g, Natrium: 122 mg

Portionen mit geräucherter Forelle bestreichen:

2

Zutaten:

2 TL. Frischer Zitronensaft

½ Tasse fettarmer Hüttenkäse

1 Sellerie, gewürfelt

¼ Pfund. geräuchertes Forellenfilet ohne Haut,

½ TL. Worcestersauce

1 Teelöffel. Pfeffersoße

¼ c. grob gehackte rote Zwiebel

Richtungen:

1. Forelle, Hüttenkäse, rote Zwiebeln, Zitronensaft, Pfeffersauce und Worcestershire-Sauce in einem Mixer oder einer Küchenmaschine vermischen.

2. Alles glatt rühren, dabei anhalten und bei Bedarf die Seiten der Schüssel abkratzen.

3. Gewürfelten Sellerie unterheben.

4. In einem luftdichten Behälter im Kühlschrank aufbewahren.

Ernährungsinformation:Kalorien: 57, Fett: 4 g, Kohlenhydrate: 1 g, Protein: 4 g, Zucker: 0 g, Natrium: 660 mg

Thunfisch- und Schalottenportionen: 4

Zutaten:

½ Tasse Hühnerbrühe mit niedrigem Natriumgehalt

1 Esslöffel. Olivenöl

4 Thunfischfilets ohne Knochen und Haut

2 gehackte Schalotten

1 Teelöffel. süße Paprika

2 Esslöffel. Limettensaft

¼ TL. schwarzer Pfeffer

Richtungen:

1. Eine Pfanne mit Öl bei mittlerer Hitze erhitzen, die Schalotten hinzufügen und 3 Minuten braten.

2. Den Fisch dazugeben und auf jeder Seite 4 Minuten braten.

3. Die restlichen Zutaten hinzufügen, alles weitere 3 Minuten kochen lassen, auf Teller verteilen und servieren.

Ernährungsinformation:Kalorien: 4040, Fett: 34,6 g, Kohlenhydrate: 3 g, Protein: 21,4 g, Zucker: 0,5 g, Natrium: 1000 mg

Garnelenportionen mit Zitronenpfeffer: 2

Kochzeit: 10 Minuten

Zutaten:

1 Esslöffel Zitronensaft

1 Esslöffel Olivenöl

1 TL Zitronenpfeffer

¼ Teelöffel Knoblauchpulver

¼ Teelöffel Paprika

12 Unzen. Garnelen, geschält und entdarmt

Richtungen:

1. Heizen Sie die Heißluftfritteuse auf 400 Grad F vor.

2. Zitronensaft, Olivenöl, Zitronenpfeffer, Knoblauchpulver und Paprika in einer Schüssel vermischen.

3. Garnelen unterrühren und gleichmäßig mit der Mischung bedecken.

4. Fügen Sie die Heißluftfritteuse hinzu.

5. 8 Minuten kochen lassen.

Portionen heißes Thunfischsteak: 6

Zutaten:

2 Esslöffel. Frischer Zitronensaft

Pfeffer.

Gebratene Orangen-Knoblauch-Mayonnaise

¼ c. ganze schwarze Pfefferkörner

6 geschnittene Thunfischsteaks

2 Esslöffel. Natives Olivenöl extra

Salz

Richtungen:

1. Den Thunfisch passend in eine Schüssel geben. Öl, Zitronensaft, Salz und Pfeffer hinzufügen. Den Thunfisch wenden, sodass er gut mit der Marinade bedeckt ist. 15 bis 20 Minuten ruhen lassen

Minuten, einmal wenden.

2. Legen Sie die Pfefferkörner in doppelt dicke Plastiktüten. Schlagen Sie die Pfefferkörner mit einem dicken Topf oder einem kleinen Holzhammer grob zerstoßen. Auf einen großen Teller legen.

3. Wenn Sie den Thunfisch zubereiten möchten, tauchen Sie die Ränder in die zerstoßenen Pfefferkörner. Eine beschichtete Pfanne bei mittlerer Hitze erhitzen. Braten Sie die Thunfischsteaks, bei Bedarf portionsweise, auf jeder Seite 4 Minuten lang an (Medium-Rar-Fisch) und geben Sie bei Bedarf 2 bis 3 Esslöffel der Marinade in die Pfanne, um ein Anhaften zu verhindern.

4. Mit gerösteter Orangen-Knoblauch-Mayonnaise beträufelt servieren<u>Ernährungsinformation:</u>Kalorien: 124, Fett: 0,4 g, Kohlenhydrate: 0,6 g, Protein: 28 g, Zucker: 0 g, Natrium: 77 mg

Portionen Cajun-Lachs: 2

Kochzeit: 10 Minuten

Zutaten:

2 Lachsfilets

Kochspray

1 Esslöffel Cajun-Gewürz

1 Esslöffel Honig

Richtungen:

1. Heizen Sie die Heißluftfritteuse auf 390 Grad F vor.

2. Besprühen Sie beide Seiten des Fisches mit Öl.

3. Mit Cajun-Gewürz bestreuen.

4. Besprühen Sie den Korb der Heißluftfritteuse mit Öl.

5. Lachs in den Heißluftfritteusenkorb legen.

6. 10 Minuten an der Luft braten.

Quinoa-Lachsgericht mit Gemüse

Portionen: 4

Zubereitungszeit: 0 Minuten

Zutaten:

1 Pfund (454 g) gekochter Lachsflocken

4 Tassen gekochte Quinoa

6 Radieschen, in dünne Scheiben geschnitten

1 Zucchini, in Halbmonde geschnitten

3 Tassen Rucola

3 Zwiebeln, fein gehackt

½ Tasse Mandelöl

1 TL scharfe Soße ohne Zucker

1 Esslöffel Apfelessig

1 TL Meersalz

½ Tasse geröstete Mandelblättchen zum Garnieren (optional)Richtungen:

1. In einer großen Schüssel Lachsflocken, gekochtes Quinoa, Radieschen, Zucchini, Rucola und Frühlingszwiebeln vermischen und gut umrühren.

2. Mandelöl, scharfe Soße, Apfelessig und Meersalz unterheben und vermischen.

3. Teilen Sie die Mischung auf vier Schüsseln auf. Jedes Brötchen nach Belieben gleichmäßig mit den gehobelten Mandeln zum Garnieren bestreichen. Sofort servieren.

Ernährungsinformation:Kalorien: 769; Fett: 51,6 g; Eiweiß: 37,2 g; Kohlenhydrate: 44,8 g; Ballaststoffe: 8,0 g; Zucker: 4,0 g; Natrium: 681 mg

Zerbröckelte Fischportionen: 4

Kochzeit: 15 Minuten

Zutaten:

¼ Tasse Olivenöl

1 Tasse trockene Semmelbrösel

4 weiße Fischfilets

Pfeffer nach Geschmack

Richtungen:

1. Heizen Sie die Heißluftfritteuse auf 350 Grad F vor.

2. Beide Seiten des Fisches mit Pfeffer bestreuen.

3. Öl und Semmelbrösel in einer Schüssel vermischen.

4. Tauchen Sie den Fisch in die Mischung.

5. Die Semmelbrösel fest andrücken.

6. Legen Sie den Fisch in die Heißluftfritteuse.

7. 15 Minuten kochen lassen.

Einfache Portionen Lachsbrot: 4

Zubereitungszeit: 8 bis 10 Minuten

Zutaten:

1 Pfund (454 g) hautlose, grätenlose Lachsfilets, gehackt ¼ Tasse fein gehackte süße Zwiebel

½ Tasse Mandelmehl

2 Knoblauchzehen, fein gehackt

2 Eier, geschlagen

1 Teelöffel Dijon-Senf

1 Esslöffel frisch gepresster Zitronensaft

Prise rote Pfefferflocken

½ TL Meersalz

¼ TL frisch gemahlener schwarzer Pfeffer

1 Esslöffel Avocadoöl

Richtungen:

1. Gehackten Lachs, süße Zwiebeln, Mandelmehl, Knoblauch, geschlagenes Ei, Senf, Zitronensaft, rote Paprikaflocken, Meersalz und Pfeffer in einer großen Schüssel vermischen und gut verrühren.

2. Lassen Sie die Lachsmischung 5 Minuten ruhen.

3. Kratzen Sie die Lachsmischung aus und formen Sie mit Ihren Händen vier ½ Zoll dicke Frikadellen.

4. Das Avocadoöl in einer großen Pfanne bei mittlerer Hitze erhitzen. Die Pastetchen in die heiße Pfanne geben und von jeder Seite 4 bis 5 Minuten braten, bis sie leicht gebräunt und durchgegart sind.

5. Vom Herd nehmen und auf einem Teller servieren.

Ernährungsinformation:Kalorien: 248 ; Fett: 13,4 g; Eiweiß: 28,4 g; Kohlenhydrate: 4,1 g

; Ballaststoffe: 2,0 g; Zucker: 2,0 g; Natrium: 443 mg

Popcorngarnelen: 4

Kochzeit: 10 Minuten

Zutaten:

½ TL Zwiebelpulver

½ TL Knoblauchpulver

½ TL Paprika

¼ TL gemahlener Senf

⅛ Teelöffel getrockneter Salbei

⅛ Teelöffel gemahlener Thymian

⅛ Teelöffel getrockneter Oregano

⅛ Teelöffel getrocknetes Basilikum

Pfeffer nach Geschmack

3 Esslöffel Maisstärke

1 Pfund. Garnelen, geschält und entdarmt

Kochspray

Richtungen:

1. Alle Zutaten außer Garnelen in einer Schüssel vermischen.

2. Bedecken Sie die Garnelen mit der Mischung.

3. Besprühen Sie den Korb der Heißluftfritteuse mit Öl.

4. Heizen Sie die Heißluftfritteuse auf 390 Grad F vor.

5. Garnelen hineingeben.

6. 4 Minuten an der Luft braten.

7. Schütteln Sie den Korb.

8. Weitere 5 Minuten kochen lassen.

Gewürzte gebackene Fischportionen: 5

Zutaten:

1 Esslöffel. Olivenöl

1 Teelöffel. Salzfreies Würzen

1 Pfund. Lachsfilet

Richtungen:

1. Ofen auf 350F vorheizen.

2. Den Fisch mit Olivenöl und den Gewürzen beträufeln.

3. 15 Min. ohne Deckel backen.

4. In Scheiben schneiden und servieren.

Ernährungsinformation:Kalorien: 192, Fett: 11 g, Kohlenhydrate: 14,9 g, Protein: 33,1 g, Zucker: 0,3 g, Natrium: 505 6 mg

Portionen Paprika-Thunfisch: 4

Zutaten:

½ TL. Chilipulver

2 TL. süße Paprika

¼ TL. schwarzer Pfeffer

2 Esslöffel. Olivenöl

4 Thunfischsteaks ohne Knochen

Richtungen:

1. Eine Pfanne mit Öl bei mittlerer bis hoher Hitze erhitzen, die Thunfischsteaks hinzufügen, mit Paprika, schwarzem Pfeffer und Chilipulver würzen, auf jeder Seite 5 Minuten braten, auf Teller verteilen und mit einem Beilagensalat servieren.

Ernährungsinformation:Kalorien: 455, Fett: 20,6 g, Kohlenhydrate: 0,8 g, Protein: 63,8

g, Zucker: 7,4 g, Natrium: 411 mg

Portionen Fischfrikadellen: 2

Kochzeit: 7 Minuten

Zutaten:

8 Unzen. Weißfischfilet, Flocken

Knoblauchpulver nach Geschmack

1 Teelöffel Zitronensaft

Richtungen:

1. Heizen Sie die Heißluftfritteuse auf 390 Grad F vor.

2. Alle Zutaten vermischen.

3. Aus der Mischung Pastetchen formen.

4. Fischfrikadellen in die Heißluftfritteuse legen.

5. 7 Minuten kochen lassen.

Gebratene Jakobsmuscheln mit Honig,

Portionen: 4

Kochzeit: 15 Minuten

Zutaten:

1 Pfund (454 g) Jakobsmuscheln, abgespült und trocken getupft, etwas Meersalz

Eine Prise frisch gemahlenen schwarzen Pfeffer

2 Esslöffel Avocadoöl

¼ Tasse roher Honig

3 EL Kokos-Aminosäuren

1 Esslöffel Apfelessig

2 Knoblauchzehen, fein gehackt

Richtungen:

1. Jakobsmuscheln, Meersalz und Pfeffer in eine Schüssel geben und verrühren, bis alles gut bedeckt ist.

2. Erhitzen Sie das Avocadoöl bei mittlerer bis hoher Hitze in einer großen Pfanne.

3. Die Jakobsmuscheln auf jeder Seite 2 bis 3 Minuten anbraten, oder bis die Jakobsmuscheln milchig weiß oder undurchsichtig und fest werden.

4. Nehmen Sie die Jakobsmuscheln vom Herd, legen Sie sie auf einen Teller und decken Sie sie locker mit Folie ab, um sie warm zu halten. Zur Seite legen.

5. Honig, Kokosnuss-Aminosäuren, Essig und Knoblauch in die Pfanne geben und gut umrühren.

6. Zum Kochen bringen und etwa 7 Minuten kochen lassen, bis die Flüssigkeit reduziert ist, dabei gelegentlich umrühren.

7. Geben Sie die angebratenen Jakobsmuscheln wieder in den Topf und rühren Sie um, um sie mit der Glasur zu überziehen.

8. Die Jakobsmuscheln auf vier Teller verteilen und warm servieren.

Ernährungsinformation:Kalorien: 382 ; Fett: 18,9 g; Eiweiß: 21,2 g; Kohlenhydrate: 26,1 g; Ballaststoffe: 1,0 g; Zucker: 17,7 g; Natrium: 496 mg

Kabeljaufilets mit Shiitake-Pilzen: 4

Zubereitungszeit: 15 bis 18 Minuten

Zutaten:

1 Knoblauchzehe, fein gehackt

1 Lauch, in dünne Scheiben geschnitten

1 Teelöffel fein gehackte frische Ingwerwurzel

1 Esslöffel Olivenöl

½ Tasse trockener Weißwein

½ Tasse geschnittene Shiitake-Pilze

4 (6 Unzen / 170 g) Kabeljaufilets

1 TL Meersalz

⅛ Teelöffel frisch gemahlener schwarzer Pfeffer

Richtungen:

1. Den Ofen auf 190 °C (375 °F) vorheizen.

2. Knoblauch, Lauch, Ingwerwurzel, Wein, Olivenöl und Pilze in einer Bratpfanne vermischen und rühren, bis die Pilze gleichmäßig bedeckt sind.

3. Im vorgeheizten Ofen 10 Minuten backen, bis sie leicht gebräunt sind.

4. Nehmen Sie die Bratpfanne aus dem Ofen. Die Kabeljaufilets darauf verteilen und mit Meersalz und Pfeffer würzen.

5. Mit Alufolie abdecken und zurück in den Ofen stellen. 5 bis 8 Minuten backen

Minuten oder bis der Fisch schuppig ist.

6. Entfernen Sie die Aluminiumfolie und lassen Sie es vor dem Servieren 5 Minuten lang abkühlen.

Ernährungsinformation:Kalorien: 166; Fett: 6,9 g; Eiweiß: 21,2 g; Kohlenhydrate: 4,8 g; Ballaststoffe: 1,0 g; Zucker: 1,0 g; Natrium: 857 mg

Gebratener weißer Wolfsbarsch: 2

Zutaten:

1 Teelöffel. fein gehackter Knoblauch

Gemahlener schwarzer Pfeffer

1 Esslöffel. Zitronensaft

8 Unzen. weißes Wolfsbarschfilet

¼ TL. salzfreie Kräutergewürzmischung

Richtungen:

1. Heizen Sie den Grill vor und stellen Sie den Rost 10 cm von der Wärmequelle entfernt auf.

2. Eine Bratpfanne leicht mit Kochspray einsprühen. Die Filets in die Pfanne legen. Zitronensaft, Knoblauch, Kräuter und Pfeffer über die Filets streuen.

3. Kochen, bis der Fisch bei der Prüfung mit der Messerspitze undurchsichtig ist, ca. 8 bis 10 Minuten.

4. Sofort servieren.

Ernährungsinformation:Kalorien: 114, Fett: 2 g, Kohlenhydrate: 2 g, Protein: 21 g, Zucker: 0,5 g, Natrium: 78 mg

Gebackene Tomaten-Hackfleisch-Portionen: 4-5

Zutaten:

½ c. Tomatensauce

1 Esslöffel. Olivenöl

Petersilie

2 geschnittene Tomaten

½ Tasse geriebener Käse

4 Pfund. entbeinter und in Scheiben geschnittener Seehecht

Salz.

Richtungen:

1. Ofen auf 400 0F vorheizen.

2. Den Fisch mit Salz würzen.

3. In einer Pfanne oder einem Topf; Den Fisch in Olivenöl anbraten, bis er halb gar ist.

4. Nehmen Sie vier Folienblätter, um den Fisch abzudecken.

5. Formen Sie die Folie so, dass sie Behältern ähnelt. Geben Sie die Tomatensauce in jeden Folienbehälter.

6. Den Fisch und die Tomatenscheiben dazugeben und mit geriebenem Käse belegen.

7. Etwa 20–25 Minuten backen, bis eine goldene Kruste entsteht

Protokoll.

8. Öffnen Sie die Packungen und bestreuen Sie sie mit Petersilie.

Ernährungsinformation:Kalorien: 265, Fett: 15 g, Kohlenhydrate: 18 g, Protein: 22 g, Zucker: 0,5 g, Natrium: 94,6 mg

Gebratener Schellfisch mit Roter Bete: 4

Kochzeit: 30 Minuten

Zutaten:

8 Rote Bete, geschält und in Achtel geschnitten

2 Schalotten, in dünne Scheiben geschnitten

2 Esslöffel Apfelessig

2 Esslöffel Olivenöl, geteilt

1 TL gehackter Knoblauch in einer Flasche

1 TL gehackter frischer Thymian

Prise Meersalz

4 (5 Unzen / 142 g) Schellfischfilets, getrocknetRichtungen:

1. Den Ofen auf 205 °C (400 °F) vorheizen.

2. Rüben, Schalotten, Essig, 1 EL Olivenöl, Knoblauch, Thymian und Meersalz in einer mittelgroßen Schüssel vermischen und gut vermischen.

Die Rote-Bete-Mischung in einer ofenfesten Form verteilen.

3. Im vorgeheizten Ofen etwa 30 Minuten backen, dabei ein- oder zweimal mit einem Spatel wenden, oder bis die Rote Bete weich ist.

4. In der Zwischenzeit den restlichen 1 EL Olivenöl in einer großen Bratpfanne bei mittlerer bis hoher Hitze erhitzen.

5. Fügen Sie den Schellfisch hinzu und kochen Sie ihn auf jeder Seite 4 bis 5 Minuten lang oder bis das Fruchtfleisch undurchsichtig ist und sich leicht ablösen lässt.

6. Den Fisch auf einen Teller geben und mit der gerösteten Roten Bete garniert servieren.

Ernährungsinformation:Kalorien: 343; Fett: 8,8 g; Eiweiß: 38,1 g; Kohlenhydrate: 20,9 g

; Ballaststoffe: 4,0 g; Zucker: 11,5 g; Natrium: 540 mg

Herzhafte Thunfischschmelzportionen: 4

Zutaten:

3 Unzen. geriebener fettarmer Cheddar-Käse

1/3 Tasse gehackter Sellerie

Schwarzer Pfeffer und Salz

¼ c. gehackte Zwiebel

2 englische Vollkornmuffins

6 Unzen. abgetropfter weißer Thunfisch

¼ c. fettarmer Russe

Richtungen:

1. Grill vorheizen. Thunfisch, Sellerie, Zwiebeln und Salatdressing vermischen.

2. Mit Salz und Pfeffer abschmecken.

3. Englische Muffinhälften toasten.

4. Mit der geteilten Seite nach oben auf Backpapier legen und jeweils 1/4 der Thunfischmischung darauf verteilen.

5. 2-3 Minuten backen oder bis es durchgeheizt ist.

6. Mit Käse belegen und etwa 1 Minute länger auf den Grill stellen, bis der Käse geschmolzen ist.

Ernährungsinformation:Kalorien: 320, Fett: 16,7 g, Kohlenhydrate: 17,1 g, Protein: 25,7

g, Zucker: 5,85 g, Natrium: 832 mg

Zitronenlachs mit Kaffee-Limetten-Portionen: 8

Zutaten:

1 in Scheiben geschnittener und gequetschter Stängel Zitronengras

2 Kaffernlimettenblätter, zerrissen

1 dünn geschnittene Zitrone

1 ½ c. frische Korianderblätter

1 ganze Seite Lachsfilet

Richtungen:

1. Den Ofen auf 350°F vorheizen.

2. Decken Sie ein Backblech mit einer Folie ab, die die Seiten überlappt. 3. Legen Sie den Lachs auf die Folie und belegen Sie ihn mit Zitrone, Limettenblättern, Zitronengras und 1 Tasse Korianderblättern. Alternative: Mit Salz und Pfeffer würzen.

4. Bringen Sie die lange Seite der Folie zur Mitte, bevor Sie die Dichtung falten.

Rollen Sie die Enden zusammen, um den Lachs zu verschließen.

5. 30 Minuten backen.

6. Den gekochten Fisch auf einen Teller geben. Mit frischem Koriander belegen.

Mit weißem oder braunem Reis servieren.

Ernährungsinformation:Kalorien: 103, Fett: 11,8 g, Kohlenhydrate: 43,5 g, Protein: 18 g, Zucker: 0,7 g, Natrium: 322 mg

Zarter Lachs in Senfsauce, Portionen: 2

Zutaten:

5 EL. Gehackter Dill

2/3 c Sauerrahm

Pfeffer.

2 Esslöffel. dijon Senf

1 Teelöffel. Knoblauchpulver

5 Unzen. Lachsfilets

2-3 EL. Zitronensaft

Richtungen:

1. Sauerrahm, Senf, Zitronensaft und Dill verrühren.

2. Die Filets mit Pfeffer und Knoblauchpulver würzen.

3. Den Lachs mit der Hautseite nach unten auf ein Stück Backpapier legen und mit der vorbereiteten Senfsauce bedecken.

4. 20 Minuten bei 390 °F backen.

Ernährungsinformation:Kalorien: 318, Fett: 12 g, Kohlenhydrate: 8 g, Protein: 40,9 g, Zucker: 909,4 g, Natrium: 1,4 mg

Krabbensalatportionen: 4

Zutaten:

2 c. Krabbenfleisch

1 Tasse halbierte Kirschtomaten

1 Esslöffel. Olivenöl

Schwarzer Pfeffer

1 gehackte Schalotte

1/3 c. gehackter Koriander

1 Esslöffel. Zitronensaft

Richtungen:

1. Die Krabbe mit den Tomaten und den anderen Zutaten in eine Schüssel geben, vermischen und servieren.

Ernährungsinformation:Kalorien: 54, Fett: 3,9 g, Kohlenhydrate: 2,6 g, Protein: 2,3 g, Zucker: 2,3 g, Natrium: 462,5 mg

Gebackener Lachs mit Misosauce, Portionen: 4

Kochzeit: 15 bis 20 Minuten

Zutaten:

Soße:

¼ Tasse Apfelwein

¼ Tasse weißes Miso

1 Esslöffel Olivenöl

1 Esslöffel weißer Reisessig

⅛ Teelöffel gemahlener Ingwer

4 (85 bis 113 g) Lachsfilets ohne Knochen, 1 geschnittene Frühlingszwiebel zum Garnieren

⅛ Teelöffel rote Paprikaflocken zum Garnieren

Richtungen:

1. Den Ofen auf 190 °C (375 °F) vorheizen.

2. Soße zubereiten: Apfelwein, weißes Miso, Olivenöl, Reisessig und Ingwer in einer kleinen Schüssel verrühren. Wenn Sie eine dünnere Konsistenz wünschen, fügen Sie etwas Wasser hinzu.

3. Die Lachsfilets mit der Hautseite nach unten auf einem Backblech anrichten. Gießen Sie die vorbereitete Soße über die Filets, sodass diese gleichmäßig bedeckt sind.

4. Im vorgeheizten Ofen 15 bis 20 Minuten backen oder bis der Fisch mit einer Gabel leicht zerfällt.

5. Mit geschnittenen Frühlingszwiebeln und Paprikaflocken garnieren und servieren.

Ernährungsinformation:Kalorien: 466 ; Fett: 18,4 g; Eiweiß: 67,5 g; Kohlenhydrate: 9,1 g

; Ballaststoffe: 1,0 g; Zucker: 2,7 g; Natrium: 819 mg

Gebackener Kabeljau im Kräutermantel mit Honig Portionen: 2

Zutaten:

6 EL. Füllung mit Kräutergeschmack

8 Unzen. Kabeljaufilets

2 Esslöffel. Honig

Richtungen:

1. Ofen auf 375 OF vorheizen.

2. Eine Bratpfanne leicht mit Kochspray einsprühen.

3. Geben Sie die Kräuterfüllung in einen Beutel und verschließen Sie ihn. Drücken Sie die Füllung, bis sie krümelig wird.

4. Den Fisch mit Honig bedecken und den restlichen Honig wegwerfen.

Legen Sie ein Filet in den Beutel mit der Füllung und schütteln Sie es vorsichtig, um den Fisch vollständig zu bedecken.

5. Geben Sie den Kabeljau in die Bratpfanne und wiederholen Sie den Vorgang für die anderen Fische.

6. Wickeln Sie die Filets in Folie ein und kochen Sie sie etwa zehn Minuten lang, bis sie bei der Prüfung mit der Spitze einer Messerklinge rundum fest und undurchsichtig sind.

7. Warm servieren.

Ernährungsinformation:Kalorien: 185, Fett: 1 g, Kohlenhydrate: 23 g, Protein: 21 g, Zucker: 2 g, Natrium: 144,3 mg

www.ingramcontent.com/pod-product-compliance
Lightning Source LLC
Chambersburg PA
CBHW071334110526
44591CB00010B/1146